阜阳理工学院省级优秀青年教师培育项目（YQYB2024199）

非遗文化数字赋能发展的实施研究

柳永春　李　娟◎著

中国海洋大学出版社

·青岛·

图书在版编目（CIP）数据

非遗文化数字赋能发展的实施研究 / 柳永春，李娟
著 . -- 青岛 : 中国海洋大学出版社，2025. 3. -- ISBN
978-7-5670-4177-6

Ⅰ . G114-39

中国国家版本馆 CIP 数据核字第 202508C3H5 号

非遗文化数字赋能发展的实施研究
FEIYI WENHUA SHUZI FUNENG FAZHAN DE SHISHI YANJIU

出版发行	中国海洋大学出版社		
社　　址	青岛市香港东路 23 号	邮政编码	266071
出 版 人	刘文菁		
网　　址	http://pub.ouc.edu.cn		
责任编辑	郑雪姣	电　　话	0532-85901092
电子邮箱	zhengxuejiao@ouc-press.com		
图片统筹	寒　露		
装帧设计	寒　露		
印　　制	定州启航印刷有限公司		
版　　次	2025 年 3 月第 1 版		
印　　次	2025 年 3 月第 1 次印刷		
成品尺寸	170 mm×240 mm	印　　张	13.25
字　　数	208 千	印　　数	1～2000
定　　价	88.00 元		
订购电话	0532-82032573（传真）　18133833353		

发现印刷质量问题，请致电 18133833353 进行调换。

前　言

　　非物质文化遗产（简称非遗），在时光的流转与文化的积淀中，像一条无形的纽带，承前启后，承载着民族的记忆与智慧。但是，这些弥足珍贵的文化瑰宝，随着现代化进程的加快，面临空前的挑战和困境。如何给非物质文化遗产文化在数字时代注入新的活力，让非遗文化在现代社会焕发新的生机，成为迫切需要探讨和解决的课题。旨在为非遗文化保护与传承提供一条切实可行的数字化路径的《非遗文化数字赋能发展的实施研究》一书，正是在这样的背景下应运而生。

　　近年来，国内外对非遗文化的数字化保护与传承进行了诸多有益的尝试与探索。从数字资源建设到数字展示与传播，从数字教育与培训到非遗文化数字产业发展，非遗文化的数字化正在逐步深入，多维度、全方位研究数字赋能非遗文化。一是在非遗数字资源建设方面，围绕构建完善的非遗数字资源体系，就非遗数字资源建设标准和规范制定、非遗数字资源高效采集和整理技术、资源库建设及动态管理等方面进行深入探讨。二是在非遗文化数字化展示和传播方面，创新展示和传播手段，拓宽非遗文化的传播渠道，如应用虚拟现实（Virtual Reality, VR）、增强现实（Augmented Reality, AR）等前沿技术。笔者也关注到非遗传播中社交媒体和网络平台的应用策略，力求在全球范围内分享非遗文化。三是在非遗数字教育、培训方面，针对非遗文化的传承与发展，笔者提出了以传承人和从业人员为主体，线上、线下相结合，培养更多专业人才的教育模式和数字化技能培训体系。四是在非遗文化数字赋能和 AIGC 应用方案上，该书通过对国内外成功案例和前沿技术应用的分析，为非遗文化数字化保护与传承提供了可借鉴的经验和启示。

　　数字赋能非遗文化在学术上有很大的价值，也具有十分深远的社会意义。它不只是将非遗在数字化的环境中进行记录和储存，还运用综合的手段去延续非遗的生命力，使非遗背后的历史文化和故事得到传承与发展，在数字化时代的今天，为非遗文化的保护和传承提供了一条新的途径。

全书共分为九章。第一章为非遗文化数字赋能的理论基础，介绍了非遗文化数字赋能的研究背景和主要的理论基础、文化遗产保护的新理念"从保存到活化"、数字赋能非遗文化的理论框架与模型构建、国内外非遗数字赋能的理论研究动态、跨学科视角下的非遗文化数字赋能；第二章为非遗文化发展现状与趋势分析，分析了非遗文化发展现状、非遗文化发展的机遇、非遗文化发展趋势；第三章为非遗文化数字资源建设，介绍了数字资源建设的标准与规范制定，高效的数字资源采集、整理与存储技术，数字化非遗资源库的构建与动态管理，数字资源的共享机制与利用策略、数字资源安全保障体系的建设与维护、数字资源建设与文创产业的融合发展；第四章为非遗文化数字展示与传播，介绍了创新的非遗数字展示策略与方法，虚拟现实、增强现实等前沿技术在非遗展示中的应用，社交媒体与网络平台在非遗传播中的应用策略，线上、线下融合的非遗展示与传播模式探索，跨文化、跨领域的非遗传播案例，非遗文化品牌塑造与传播效果评估；第五章为非遗文化数字教育与培训，介绍了数字教育在非遗传承中的重要作用、丰富的非遗数字教育资源开发与利用、线上和线下结合的非遗数字教育模式创新、传承人与从业者的数字技能培训体系、非遗数字教育成效的评估与反馈机制、非遗数字教育国际合作与交流；第六章为非遗文化数字产业发展，介绍了非遗数字产业的定位与发展战略、非遗数字产业链与价值链、多元化的非遗数字产业商业模式与盈利模式、政府对非遗数字产业的政策扶持与市场培育、非遗数字产业与其他产业的融合发展、非遗数字产业的国际竞争与合作；第七章为非遗文化数字赋能案例分析，介绍了非遗文化数字赋能成功案例、国际非遗数字赋能的做法与启示、案例中的挑战与应对策略、案例的可复制性与推广性；第八章为 AIGC 在非遗文化保护中的应用方案，介绍了 AIGC 技术与非遗文化保护的交汇点、AIGC 在非遗数据库建设中的应用、AIGC 促进非遗文化的传承与传播、AIGC 引领非遗文化的创新与发展、AIGC 技术的应用挑战与未来展望；第九章为总结与展望，梳理了该书的主要观点与结论，并对学术界的进一步研究方向与议题提出建议。

　　本书为安徽省优秀青年教师培育项目"AIGC 赋能皖北非遗文化创造性转化与创新性发展研究"（YQYB2024199）阶段性成果、安徽省高等学校科学研究项目"基于 AIGC 淮河流域非遗文化的两创策略研究"（2024AH052969）阶段性成果、阜阳师范大学信息工程学院校级教学重点项目"基于区域非遗文化保护的新媒体艺术方向 animate 动画制作课程创新模式研究与实践"（2023XGJY03）阶段性成果、阜阳市社科规划课题项目"AIGC 赋能阜阳非物质文化遗产保护和传承研究"（项目编号：FSK2024018）阶段性成果、安徽省社会科学创新发展研究项目"绘梦安徽非遗：AIGC 技术赋能安徽非遗文化国际传播绘本创作与推广"（2024KD013）阶段性成果。该书由柳永春、李娟合著。其中，柳永春负责第一章、第二章、第三章、第四章、第五章、第六章内容的撰写，共计 14 万字。李娟负责第七章、第八章、第九章内容的撰写，共计 6 万字。特别要感谢在该书的撰写过程中，阜阳理工学院、阜阳师范大学信息工程学院为笔者提供宝贵的支持，也要感谢秦雪晴老师在该书撰写、校对过程中作出的突出贡献，以及陈青青、赵水苗在数据搜集过程中作出的贡献。

　　限于作者水平，书中难免存在疏漏及不足之处，敬请读者批评指正。

目 录

第一章　非遗文化数字赋能的理论基础

第一节　非遗文化数字赋能的背景和理论基础

一、非遗文化数字赋能的背景

如今，非遗的保护与传播受到人们的重视，人们也关注到非遗的价值与挖掘潜力。大数据技术和人工智能（Artificial Intelligence, AI）技术不仅为非遗的保护工作提供了强有力的技术支持，也为非遗产业的创新发展开辟了一条新的道路。所以，在非遗传承中，大数据技术和 AI 技术的应用功不可没。这也为人们更好地认识非遗文化提供了多元化渠道。

大数据技术对非遗的保护与传播起着不可忽视的作用。应用大数据技术对非遗资源进行全方位的收集、整理与分析，有利于对非遗现状及发展趋势进行准确的把握。应用大数据技术对非遗资料进行集中存储与管理，也便于后续的资料查询与利用。应用大数据技术对非遗相关数据进行深入挖掘与分析，在为非遗的传承、创新提供有力支持的同时，可对其独特价值的挖掘和运用进行有效的探索。应用大数据技术分析非遗传承人的创作资料，能够展示他们的创作特征和技术模式，为今后的非遗传承和人才培养工作提供参考和依据。比如，对非遗传承人的作品进行分析，就能了解其创作思路和方法，再结合相关的技术理论，对其创作过程进行归纳。

人工智能技术在非遗的保护和传播方面具有巨大的应用潜力。它能模拟人类智能，实现智能识别、分析和处理。在非遗保护方面，人工智能通过图像、语音识别等技术自动识别和处理图像、声音等信息，提高非遗保护效率和质量。在非遗传播方面，人工智能通过智能推荐、精准营销等技术实现非遗精准传播，并分析用户行为数据，推荐符合用户喜好的内容，通过社交媒体、短视频等渠道进行有效且精准的非遗推广。另外，虚拟现实、增强现实等技术也为非遗传承和展示提供了新的途径。

二、数字技术与非遗传承人的结合

数字技术应用在非遗保护中，为非遗传承人在技艺上提供更精确、高效的工具和更便捷的途径。以前的非遗传承往往靠口传心授和现场演示，不仅效率低下，也很难保证技艺的准确传承。随着数字技术的运用日益广泛，非遗传承人可以用数字方式将复杂的技艺记录下来，制成教学录像或纪录片，供后人学习和借鉴。还可以对非遗作品进行三维扫描与建模，在虚拟空间中进行展示与互动，使公众对非遗文化的魅力有更直观的认识与体会。

非遗保护有赖于数字技术的支持。非遗传承人可以应用数字技术，将自己传承的非遗，通过各种传播媒介向全球范围内的受众展示出来。这种传播方式不仅突破了地域、时间的限制，也将非遗与人们的日常生活紧密联系在一起。非遗传承人能够以各种形式将非遗的制作过程、历史渊源及文化内涵等展示出来，以引起更多人的兴趣和重视。数字技术也为非遗传承人提供了与受众进行互动、交流的机会。观众可以利用弹幕评论的方式，与非遗传承人进行实时交流，也可以对非遗的推广提出意见和建议，以促进非遗文化的传承与发展。

非遗传承人对数字技术的运用，促进了非遗产业的创新发展。在数字技术的推动下，非遗产业正在逐步进行数字化转型升级，从而将非遗与现代生活相结合，并且数字技术为非遗传承人创造了更多的工作岗位和创业空间，使他们通过自己的劳动和创造力达到自我价值与社会价值相结合的目的。数字技术对非遗的传承与保护工作起到了推动作用。

三、数字技术在非遗产业开发中的应用

（一）数字化营销

为了非遗保护与传播而进行的数字化营销、创新性推广，随着互联网的发展而受到人们的重视。人们可以利用新媒体渠道，如社交媒体与短视频平台，进行非遗传播。新媒体既为非遗传承人提供了展现技艺、讲述故事的平台，也运用算法推荐技术向有兴趣的受众推送非遗相关内容，扩大了非遗文化的传播范围。数字化营销也对非遗传承工作的开展起到了重要的作用。随着互联网的普及与数字化营销技术的运用，非遗得到更为广泛的传播。

数字化营销还利用大数据技术对非遗传播效果进行定性分析、定量分析，收集用户行为数据，分析用户反馈，了解用户的需求和兴趣，并据此调整非遗传承人的传播策略，提高非遗传播效率。数字化营销也促使非遗产品不断地创新。非遗产品在符合现代审美和消费者需求的基础上，具有更大的经济价值，也促进了非遗的传承与弘扬。

（二）数字化品牌建设

数字化品牌建设在非遗的保护与传播中占有举足轻重的位置，是增强非遗影响力、提高非遗知名度的重要手段之一。人们可以一以贯之地建设非遗的官方网站及相关社交媒体账号等数字化平台，使非遗以专业、统一的形象呈现在公众面前。对非遗进行定期的资讯发布，也起到了激发公众兴趣与加深公众认识的重要作用。

数字化品牌建设着重于对非遗的传播效果进行精确评估和优化，通过收集用户行为数据和分析用户反馈，使非遗机构对目标受众的需求和偏好有更准确的认识，从而对非遗传播内容和策略进行相应调整，在提升非遗品牌知名度和美誉度的同时，使非遗与现代社会通过创新的方式相结合。如开发以非遗为主题的数字文创产品，组织线上、线下的非遗体验活动，在丰富非遗传播形式的同时，增强非遗品牌在现代社会的吸引力和影响力。在数字化品

牌建设中，对非遗的保护和传承至关重要。数字化品牌建设也为非遗机构提供了一条实现自身价值与可持续发展的有效途径。

第二节　非物质文化遗产保护的新理念：从保存到活化

新提出的非物质文化遗产保护理念以平衡保护与活化为核心原则，既重视保护非物质文化遗产的物质形态，又要努力使其精神内涵得到活化与传承。运用科学的方法和先进的技术手段进行必要的非物质文化遗产保护，保证非物质文化遗产历史信息的真实性和完整性。非物质文化遗产活化是将非物质文化遗产融入现代生活，并运用创新的手段和方式，使更多的人能够认识和感受非物质文化遗产的独特魅力，以引起公众对非物质文化遗产的重视和热爱，从而达到保护、传承非物质文化遗产的目的。

保护与活化并重，既是对非物质文化遗产历史价值的尊重，也是对非物质文化遗产现实意义的探索和体现；既重视非物质文化遗产的保护工作，又着眼于发挥非物质文化遗产在促进经济、社会发展中的重要作用，使非物质文化遗产成为连接过去与现在的桥梁、促进社会文明进步的重要力量。

政府部门应对非物质文化遗产的保护工作给予重点扶持和指导。相关学者可结合课题研究深耕非遗领域，发挥主观能动性，在非遗的保护与传承方面进行通力协作。

以新的非物质文化遗产保护理念为背景，由保护到活化的战略转变，体现了人们对非物质文化遗产认识的深化。活化利用非物质文化遗产的途径很多，核心在于使非物质文化遗产与现代社会相适应，并赋予非物质文化遗产新的活力和价值。数字技术是非物质文化遗产活化利用中应用的重要技术。例如，利用高清扫描仪配以虚拟现实、增强现实等技术，以数字形式记录非物质文化遗产的各种信息，并且通过互联网这一渠道进行广泛传播，可以为更多的人提供远程接触和了解非物质文化遗产的机会。通过这种方式，非物质文化遗产的保存和传承得到了进一步发展。

旅游开发是激活和利用非物质文化遗产的有效途径。打造以非物质文化遗产为主题的旅游景点和旅游线路，吸引游客前来观光体验，既能为当地经济注入新活力，又能促进非物质文化遗产的保护与传播。但发展旅游必须注意文化与商业的平衡，使旅游开发与保护非物质文化遗产相协调，使游客真正体会到非物质文化遗产的魅力与价值。

教育推广也是激活和利用非物质文化遗产的重要途径。从学校教育到社会教育，从博物馆展览到文化节活动，从个人的参与和体验出发，使更多的人能够认识和体会非物质文化遗产的魅力。以教育推广为先导，使更多的人对非物质文化遗产有深刻的认识和责任感，从而为非物质文化遗产的保护和传承打下坚实的基础，使之得到传承和发展。

创意产业也为非物质文化遗产的活化利用提供了新的思路，即把非物质文化遗产元素与现代设计等相结合，创造出独特而富有文化内涵的产品或服务，满足消费者不断增长的文化消费需求，也为非物质文化遗产的保护与传承提供经济上的支持。可以说创意产业在非物质文化遗产的活化利用中扮演着十分重要的角色。

第三节　数字赋能非遗文化的理论框架与模型构建

一、核心技术支撑

现在的科学技术日新月异，改变着人们的生活。先进的科学技术在非遗保护与传承工作中具有重要的作用。人们利用各种先进的科技手段进行非遗表现形式与传承方式的分析、优化工作，并由此为促进非遗的创新发展提供全新的思路与途径；运用各种先进的科技手段还可以对非遗传承过程进行模拟与预测，为非遗传承提供科学的指导。人们也可以运用这些科技手段进行非遗智能展示的开发工作，让更多的人感受到非遗文化的魅力。所以，在非遗传承工作中运用科技手段是非常有必要的。

大数据技术为非遗的数字化赋能打下了坚实的基础。运用大数据技术对海量非遗信息进行收集、整理、分析,从而对非遗的特点、现状及发展趋势做到心中有数。大数据技术在非遗项目的筛选、评价、分类和管理上得到应用,为非遗的保护和传承提供了强有力的数据支持,也为非遗传承者的培训、考核提供了数据参考。

云计算技术对非遗的数字化存储和共享给予了强有力的支持。利用云计算技术建立非遗数字资源库,对非遗资源进行集中存储和管理,能够促进多地域、多领域的非遗资源利用和共享。另外,云计算技术对非遗的网上展示和互动也给予了一定的技术支持,使更多的人参与非遗传承。云计算技术在为非遗保护工作提供有力支持的同时,为人们更好地了解、参与非遗保护和传承提供了便利。

虚拟现实与增强现实技术的发展,为非遗的展示与传播开辟了一条新路。运用 VR 与 AR 技术构建逼真的非遗虚拟场景,以点带面地向广大受众展示非遗的魅力所在。受众可以利用 VR 与 AR 技术的交互性进行互动体验,对非遗的内涵与价值有更深入的了解和体会。

二、多方参与模式

非遗传承主体的多样性,体现了多方参与的模式。政府、非遗传承人、企业、学者、社会大众共同参与非遗保护和传承,形成多元主体结构。政府作为主导者,在非遗数字化保护和传承方面,通过政策引导、资金扶持等手段给予强有力的支持;非遗传承人作为非遗的直接载体,通过参与非遗数字化记录和展示,向更多的人传授技艺、传递知识;企业利用自身技术优势和市场优势,在企业产品和服务中融入非遗元素,实现文化与经济的有机结合;学者进行相关的学术研究,社会大众进行社会参与,为非遗传承与发展贡献智慧和力量。

多方参与模式在非遗数字化过程中起到的作用十分显著。一是在数字收藏阶段,非遗传承人作为文化传承者的地位得到进一步突出。二是学者和技术人员共同努力,在非遗的真实、完整记录方面作出了贡献。三是在数字化存储和展示阶段,在政府、企业和公众的共同参与下,建立了非遗数据库和展示平台，使更多的人得以方便地了解非遗。四是在数字化传播和利用阶段，在多方力量的合作下，促进非遗的创新与转化，使之融入现代生活并得到主动传承。多方参与模式在非遗数字化过程中发挥了不可低估的作用。

多方参与模式还表现在非遗传承机制的构建上，即建立政、产、学、研深度融合的非遗数字化发展机制，使各方能够共同参与非遗保护、传承、创新运用等。政府给予政策扶持和财政资助，企业给予技术和市场支持，学者和非遗传承人能提供知识和技能支持，公众进行参与体验，最终使非遗得到更好的保护和传承，同时有利于文化产业的发展和文化消费的提高。

三、 可持续发展路径

（一）建立数字保护机制

运用大数据技术、云计算技术、人工智能技术等先进技术，建立非遗数字化保护机制，对非遗项目进行数字化记录、分类、存储和展示，做到完整保存非遗信息，方便公众对非遗的学习和了解。可采用建立非遗资料库的办法，以多媒体形式对非遗项目进行数字化存储，并借助网络平台进行非遗展示与传播，从而更好地保护、传承非遗。

（二）构建多方合作模式

非遗保护与传承的可持续发展需要政府、企业等各相关方共同推动。政府可提供政策上的支持与财政上的资助，以鼓励和引导企业重视非遗保护与传承。学者可对非遗进行深入的调研和了解。非遗传承人可进行非遗教学。通过构建多方合作模式来整合各方资源，可形成合力，促进非遗保护与传承的可持续发展。

（三）推动非遗创新转化

数字技术的支持，对非遗创新转化具有关键的作用，是实现非遗持续发展的关键因素之一。应用数字技术挖掘非遗的元素和符号并将其与现代设计、文化创意产业相结合，能开发出独特而富有文化内涵的产品或服务，从而将非遗融入现代生活，并使之得到新的经济增长点，这对非遗传承与发展也能起到重要的经济上的支持作用。在数字技术的帮助下，在传承好非遗的基础上，对非遗进行创新转化，是保护与开发非遗的上策。

（四）强化国际交流与合作

非遗是全人类的共同财富。加强国际交流与合作是实现非遗可持续发展的重要途径。中国可与其他国家或国际组织合作，促进非遗保护和传承。

第四节　国内外非遗数字赋能的理论研究动态

一、国内研究动态

国内学者在理论研究上深入探讨非遗数字赋能。他们关注非遗数字化保护与传承，在实现非遗创新发展、改变非遗传承方式上，也积极探索将现代科技与传统文化结合起来。这种研究旨在通过技术手段，为保护和传承非遗提供新途径和新思路，涉及大数据技术、人工智能等多个领域。这些研究既完善了非遗数字赋能的理论体系，又为非遗文化的传承与发展提供了重要的理论支持。

非遗数字赋能领域的跨学科研究也日益增多。中国传统文化遗产数字赋能领域的跨学科研究者已开始全面探索非遗数字赋能的多种路径和模式，从文化、艺术、传播等多角度进行研究。这种跨学科的研究有助于对非遗内涵与价值的全面理解，能更具体、更深入地指导非遗数字赋能的研究工作。

目前中国非遗数字赋能的研究有以下几个方面的内容可以关注和探讨。

第一，非遗数字化发展现状及前景如何。有学者认为，非遗数字化改造可以为非遗的保护与传承提供新的途径和方法。

第二，有学者从不同的角度出发来探讨非遗的保护方式问题。

第三，要对非遗项目进行经常性的保护。

第四，要加大对非遗项目进行数字化改造的支持力度。

二、国外研究动态

（一）理论研究前沿

国外学术界对非遗数字赋能的理论研究，围绕数字技术对非遗保护和传承的影响进行重点研究，并就如何通过数字手段实现非遗的永久保存和广泛传播进行探讨。一些学者提出利用虚拟现实和增强现实技术，以沉浸式体验的方式让公众对非遗的认识与兴趣得到提升。此外，国外研究还关注非遗数字赋能的跨学科性质，将计算机科学技术研究、人类学研究等相融合，以这种跨学科研究方式，为非遗研究提供全面、深入的理论支持。

（二）丰富的实证研究

国外在非遗数字赋能的实证研究方面也取得了丰富的成果。通过具体的非遗项目，探讨数字技术在非遗保护、传承和传播中的实际应用效果。例如，国外某研究机构对非遗项目的数字化收藏、存储和展示进行了深入研究，并提出了有效的技术解决方案及其实施策略。该研究机构还对非遗数字平台的建设和运营进行了实证研究，以评估其有效性和价值。

第五节　跨学科视角下的非遗文化数字赋能研究

一、跨学科视角下的非遗文化数字赋能研究内容

（一）数字技术与非遗保护的融合

数字技术在非遗保护中得到了越来越广泛的应用。以数字化收藏、存

储、展示为基础，对非遗项目进行全面、准确、生动的记录和保存，对保护和传承非遗起到了重要的作用。比如，利用虚拟现实和增强现实技术对非遗项目进行场景模拟，能够加深用户对非遗文化的认识与感受。另外，以数字动画技术为基础进行非遗故事讲述与展示，在促进非遗传播、增强非遗感染力上，起到了很大的作用。数字技术的应用，在提高非遗保护效率和质量的同时，为非遗传承和发展注入了新的生机与活力，使非遗得到了更好的保护和传承。

数字技术与非遗保护的融合，也面临一些挑战和问题。当前中国的非遗保护工作面临一些难点。一是数字化保护非遗，要确保数字资源的准确、可靠，需要制定统一的标准、规范。但是，制定统一的标准和规范很难，因为非遗具有多样性和复杂性。二是对一些资源有限的地区来说，非遗的数字化保护需要投入大量的人力、物力、财力，这是非常大的挑战。三是在非遗保护中应用数字技术，也需要考虑文化传承的完整性、真实性，避免对非遗造成过度商业化、娱乐化等方面的破坏。为解决这些问题，跨学科研究的学者需要通力合作，探讨出行之有效的办法。比如，可结合政策导向与财政支持，对更多机构和个人参与非遗数字化保护给予鼓励和支持；以技术攻关与人才培养为抓手，提高非遗数字化保护的技术水平与质量；在加强国际合作与交流的基础上，借鉴各国在非遗数字化保护方面的经验和技术手段，以推进非遗数字化保护与发展为目标，通力合作，群策群力，让非遗得到更好的保护与传承。

（二）数字技术与非遗传播的结合

1.新媒体传播

新媒体传播为传承、发展非遗注入新活力。随着移动互联网的普及和社交媒体的发展，新媒体成为人们获取信息、沟通思想的重要渠道。在传播非遗中，新媒体的运用既拓宽了传播途径，又使传播形式更加丰富。通过短视频、直播、社交媒体等平台，非遗项目以更直观、生动的方式呈现在大众面前，让更多的人了解非遗，关注非遗文化。比如，非遗传承人可以将自己的绝活、创作过程通过直播的方式展现出来，吸引大量网友围观、互动，让非遗影响力不断扩大。与此同时，新媒体的交互性让非遗有了更多传播的可能。受众可参与非遗传播，通过点赞、评论、分享等方式，实现互动传播。

2. 互动体验设计

互动体验设计在非遗传播中起着举足轻重的作用。非遗往往具有深厚的历史背景和独特的艺术魅力，但传统的传播方式往往使公众难以深入了解非遗的精髓、感受其魅力。互动体验设计可以通过虚拟现实、增强现实、人机交互等技术，为公众搭建一座通往非遗世界的桥梁。通过互动体验设计，观众可以参与非遗创作和表演，这样不仅对非遗技艺和文化内涵有更深的了解，还能增强对非遗文化的兴趣和喜爱。例如，一些博物馆和文化机构利用VR 技术打造非遗体验馆，让观众通过佩戴 VR 眼镜，亲身体验非遗文化的魅力。一些非遗项目通过 AR 技术将传统技艺与现代科技相结合，创造出具有创新性和互动性的文化产品，成功吸引了更多年轻人的关注和喜爱。

（三）数字技术与非遗产业化探索

1. 数字产品开发

数字产品的发展给非遗产业带来了新的契机。将非遗资源转化为多样富有创意的数字产品，如数字动画、虚拟现实体验产品及数字收藏品，既保留了非遗的精髓，又融入了现代美学与科技元素，使产品更具吸引力和市场竞争力。例如，一些非遗项目与游戏、动漫等行业合作，把非遗元素融入数字产品中，从而打造出深受年轻人喜爱的数字产品。另外，数字技术在非遗产品的制作过程中也起到了很大的作用，提高了产品生产效率和精度，使产品成本有所降低，产品质量得到了提高。数字产品的发展，在丰富非遗产业的产品线的同时，为非遗传承与传播提供了新的载体和平台，具有十分重要的意义和作用。

2. 数字营销和品牌建设

非遗产业化的重要推动力是数字营销和品牌建设。数字营销以其精准、高效、互动性强等优势逐渐成为主流。在数字化时代，传统的营销方式已经无法满足市场需求。通过社会化媒体推广、短视频营销、直播销售等数字营销手段，非遗产业能够快速提高品牌知名度，扩大品牌影响力，吸引更多消费者关注和购买产品（图1-1）。数字营销也能帮助非遗产业更好地了解市场需求和消费者喜好，在产品研发、品牌打造等方面给予非遗产业强大的支持。在品牌塑造方面，非遗产业通过讲故事、情感营销等方式，应用数字化技术手段，加强品牌与消费者的情感联系，塑造独特、可识别的品牌形象。此外，通过建立品牌数据库、监测品牌舆情等数字化手段，非遗产业还可以对品牌进行管理和维护，以保证品牌形象的持续提升。

图1-1 《稻谷的故事》阜阳剪纸动画

二、跨学科视角下的非遗文化数字赋能研究方法

对非遗数字赋能进行跨学科研究，可采用不同的方法，如文献综述法、案例分析法、实证研究法，使非遗数字赋能研究既有理论深度，又有现实意义。

跨学科视角下的非遗数字赋能研究着重于技术与文化的融合。研究者要对相关的数字技术有较深入的了解，如虚拟现实、增强现实、大数据技术，并将这些技术应用到非遗的保护、传承和发展上来，同时要有较高的文化素养和跨学科的知识背景，从而对非遗的内涵和价值有比较全面的认识，找到科技与文化结合的有效途径。研究者还可应用大数据分析技术对非遗传承现状与发展趋势进行深入研究。跨学科视角下的非遗数字赋能研究为保护非遗提供了有力的支持。

三、跨学科视角下的非遗文化数字赋能研究意义

跨学科的研究为非遗的保护与传承开辟了一条创新之路。非遗的保护与传承面临很多困难。整合多学科的理论与技术，对非遗进行全面、深入的挖掘与展示，从跨学科的角度丰富非遗的研究内容，使非遗更好地传承与发展。

数字技术的赋能，使非遗有了更广阔的传播空间。在数字技术的帮助下，非遗不再局限于特定的地域和时间范围，而能够以多种途径传播出去，例如，非遗在互联网上的广泛传播以及虚拟现实、增强现实等技术的利用。这不仅大大拓展了非遗的受众群体，也为非遗的创新发展提供了无限可能，对文化产业的繁荣与发展起到了推动作用。通过数字技术的赋能，非遗能够与人们的现代生活紧密结合起来，有利于人们创造出更多符合时代需求的文化产品和服务。数字技术为传统文化的保护与传承提供了有力的支持。

第二章 非遗文化发展现状与趋势分析

第一节 非遗文化发展现状分析

一、发展环境

（一）国家政策高度重视，法律体系不断完善

中国政府高度重视非遗的保护和传承，对有关法规制度不断进行健全和改进。2011 年颁布实施的《中华人民共和国非物质文化遗产法》，标志着中国的非物质文化遗产保护工作进入一个新的阶段。该法对非物质文化遗产的定义、保护原则、保护措施等作了明确规定，对保证非物质文化遗产的保护和传承具有十分重要的法制保障作用。除此之外，2021 年，中共中央办公厅、国务院办公厅印发了《关于进一步加强非物质文化遗产保护工作的意见》，地方政府也出台了一系列配套政策措施，对非物质文化遗产保护工作的具体要求作了进一步细化。这些努力使中国在非物质文化遗产保护方面取得了长足的进步。

非遗保护工作在政策推动下成效显著。以福建省为例，通过"非遗+旅游"等创新模式的实施，有力推动了非遗传承工作的开展。如三明市沙县区将"小吃制作技艺（沙县小吃制作技艺）"国家级非物质文化遗产项目与旅游深度融合，打造小吃文化之都，这既丰富了乡土旅游的文化内涵，又对乡土经济发展起到了推动作用。这一成功案例展示了沙县区对非遗的创新应用，充分体现了政策环境的积极作用。

（二）数字化和跨界融合成为新趋势

在科技日新月异的今天，数字化和跨界融合在非遗的保护和传承方面，已成为新趋势，如应用虚拟现实技术、3D 动画、全息全景技术等以更生动、直观的方式向公众呈现非遗的多种面貌。政府还鼓励人们将非遗与旅游、教育、设计等行业跨界融合。这种跨界融合在赋予非遗新活力的同时，推动了非遗产业的发展。福建武夷山某茶文化观光园，就是典型的跨界融合案例。该园除了展示国家级非物质文化遗产项目武夷岩茶（大红袍）制作技艺外，还提供丰富的茶文化体验活动，吸引了大批游客前来参观、体验，将茶文化与旅游、科研等相结合。

（三）加强非遗传承人的保护和培养

保证非遗得到充分传承，既要加大非遗传承人的保护力度，又要重视培养新的非遗传承人。一是对现有非遗传承人进行系统的记录和培训，使他们的技能得到充分的传承；二是通过实施"非物质文化遗产记录工程""传承人培训计划"等项目，把非物质文化遗产介绍给更多的人；三是通过举办"非物质文化遗产走进学校""非物质文化遗产传承人培训班"等活动，吸引更多的年轻人对非物质文化遗产产生兴趣，并使他们在实践中得到锻炼，从而为非物质文化遗产传承注入新的活力，使非物质文化遗产生生不息，也为保护非物质文化遗产营造有利的环境。以北京为例，通过组织传统工艺技艺大赛、非遗传承人进社区等活动，北京市实施"传统工艺振兴计划"，不仅对一批生产性保护示范基地进行了认定，也有效提升了非遗的社会知名度和影响力。北京市还积极推进非遗与现代生活的融合，鼓励在现代产品设计、家居装修等领域融入非遗元素，让非遗在现代社会焕发出新的生机。

二、资源分布

（一）区域集中与多样性并存

中国非遗资源十分丰富，但区域分布是集中的。有关研究表明，中国华东、华北地区是非遗资源聚集区，既有众多的国家级非遗项目，又有很多非遗传承人和文化活动场所。这样的集中分布，与这些地区的历史文化底蕴、经济发展现状等有密不可分的联系。如江苏省是非遗大省，苏绣、扬州剪纸、昆曲等非遗项目较多。这些非遗项目不但深受当地百姓喜爱，而且在全国乃至全球都有相当高的知名度。非遗资源的多样性也是它的一个显著特点。中国非遗项目涵盖了民间文学、传统音乐、传统舞蹈、传统戏剧、曲艺、传统体育、娱乐杂技、传统工艺、传统医学、民俗等多个领域，每一个领域都有它的独特之处。四川省的非遗资源非常丰富，如以川剧为代表的传统剧目，以竹编、蜀绣为代表的传统技艺，以彝族火把节为代表的民俗活动。非遗的这种多样性在丰富非遗内涵的同时，为人们提供了创新应用非遗的广阔空间。

（二）资源分布与经济发展、文化传承有关

非遗资源的分布与经济发展状况、文化遗产有明显的关系。经济越发达、文化遗产越丰富的地区，非遗资源往往越丰富。这种相关性在多个省份得到了验证。以广东省为例，广东省是中国经济发达的省份之一，该省的非遗资源非常丰富。广府文化、潮汕文化、客家文化等多种文化在此交融，形成独特的非遗景观。广彩瓷烧制技艺、潮州木雕、客家民歌等非遗项目是广东文化的重要组成部分，也是地方经济、文化发展的重要支撑。

一些非遗资源丰富的地区，虽然经济不发达，但文化底蕴十分深厚。如云南省少数民族聚居区，传统的音乐、舞蹈、民俗活动等大量保留。非遗项目既是民族文化的瑰宝，又是中华文化的重头戏。这些地区的非遗资源，通过政策扶持和市场开拓，得到了有效保护和利用，为地方经济发展注入了新的活力。

（三）协调推进资源保护和开发利用

中国在保护和开发非遗资源方面采取了多种措施，如立法和政策扶持，制定了《中华人民共和国非物质文化遗产法》等法律法规，建立了非物质文化遗产保护名录制度、非遗代表性传承人认定制度，使非遗保护工作有法可依。同时，为培养非遗传承人和专业人才，提高非遗传承能力和创新水平，各级政府和社会组织还举办了培训班、研讨会等。

在赋予非遗新的生命力和商业价值方面，对非遗资源进行开发利用，将非遗元素与现代科技、旅游、教育等融合。比如，利用虚拟现实技术、3D打印等现代技术进行非遗数字化展示和传播；在旅游产品设计、城市规划和文化创意产业中融入非遗元素；开设相关课程，组织非遗展览活动，提高公众对非遗的认识和重视程度，既有利于促进非遗的传承与发展，又能给当地经济带来新的增长点。所以，应在保护非遗的基础上，进行非遗开发利用，使非遗资源在现代社会得到更好的发展。

三、传承方式

（一）传统师徒制与现代教育的融合

在非遗传承中，传统的师徒制是一种古老、直接的传承方式。在此传承模式下，传承人将非遗技艺通过口传心授、身体力行的方式传给下一代。这种传承方式强调的是实践经验的传承、技艺的精粹，能够保证非遗技艺的纯洁性、连贯性。然而，传统的师徒制随着时代的发展，面临传承人数量有限、学制周期较长的挑战。

现代教育体系吸收、融合非遗的内容与形式，能够应对当前面临的挑战。许多大学和职业学校开设了非遗相关课程，并邀请了非遗传承人举办讲座。同时，为了培养更多有专业知识和技能的非遗传承人，学校开展了系统的培训。比如，一些地区的大学开设了以传统手工艺为特长的专业，并聘请了当地的著名非遗传承人担任授课教师，他们负责教授剪纸、刺绣、彩绘等非遗技艺。把传统技艺与现代设计理念相结合，以培养创新型非遗传承人才为目的，以点带面，使非遗得到更好的传承与弘扬。这种整合既为非遗传承拓宽了渠道，又使社会公众对非遗文化的认识得到提升。

（二）数字保护和传播

数字技术的飞速发展，使非遗的保护与传承工作发生了很大的变化。以文字、图片、音视频等多种数字化方式进行非遗记录与保存，并建立数字资源库，既方便了长时间保存与检索非遗数字资源，又能通过互联网等各种途径进行非遗广泛传播与分享。这些数字资源对非遗的保护与传承起到了促进作用。例如，利用数字技术对故宫的非遗藏品进行高清扫描并进行 3D 建模后，让游客身临其境地感受非遗的精湛技艺与文化内涵。这一数字化传播方式打破了时间与空间的限制，使更多的人有机会接触非遗并加以了解，从而扩大了非遗的传播与影响范围，为人们提供了全面、深入地了解和学习非遗的途径。

（三）市场化运作和跨界融合

市场化与跨界融合也是促进非遗传承的一条重要途径，即将非遗转化为有商业价值的产品和服务，以带动非遗产业化发展。比如，一些非遗传承人在将非遗与现代设计相结合的基础上开设了自己的工作室，利用自己的非遗技能创造出独特而迷人的手工艺品和文化创意产品，既满足了人们的审美需求，又促进了非遗的传承与发扬，可谓一举两得。

非遗随着与旅游产业的结合得到了更多的发展。以创建非遗旅游线路、组织非遗节日等形式，在旅游产品中融入非遗文化，增加旅游产品的内涵，增强旅游地的吸引力。另外，在时尚界、设计界、教育行业等各个领域的跨界融合也形成了多元化非遗传承生态系统，为非遗的保护与传承注入了新的生机与活力。这种跨界融合丰富了非遗的表达、传播方式，使非遗得到更广泛的关注与认同。

四、应用领域

（一）非遗与数字技术的深度融合

进入数字时代以来，非遗因数字技术的发展而得以振兴。以快手平台为例，2024 年该平台发布的《2024 快手非遗生态报告》显示，2023 年快手非遗相关视频播放量同比增长 40%，非遗创作者人均总收入同比增长 55%，最高年收入突破 800 万元。这些数据表明，数字技术为非遗传播提供了更为广阔的平台。在数字技术的帮助下，非遗的表现形式得到了很大的创新，如博物馆及文化馆等场所利用 3D 动画技术，将非遗从影像、声音、文字等方面立体地展示出来，以增强观众的身临其境之感，使广大观众亲身感受非遗特有的魅力。

（二）非遗与电商平台的结合

电子商务平台提供了一个重要的渠道，让非遗产品销售更加顺畅。《2023 抖音电商助力非遗发展数据报告》显示，通过抖音电商购买非遗产品的消费者同比增长 62%，非遗产品销售额同比增长 162%。这些数据充分说明，在推动非遗商业化方面，电商平台大有可为。以紫砂壶艺文化为例，某非遗创作者不仅成为紫砂行业官方信任主播、电商领军人才前 100 强，还通过直播电商的方式，签约 500 多位紫砂合作艺人入驻电商平台，实现了非遗文化的广泛传播和产品销售。这种"互联网＋非遗"模式在给非遗传承人带来经济利益的同时，推动了非遗的传承与发展。电商平台通过组织购物节等活动，进一步扩大了非遗的影响力和市场份额。

（三）非遗与旅游产业深度融合

非遗与旅游产业的融合，给非遗的保护与传承带来新的契机。以三峡人家景区为例，其对皮影戏厅、南曲厅等进行升级改造，并设置原生态手工艺生产场景，营造浓厚的非遗文化氛围；举办第八届中国长江三峡国际旅游节开幕式等大型旅游文化活动，使非遗的知名度和影响力得到进一步提升；以活化的非遗博物馆为目标，以表演、展览等多种形式向游客展示非遗文化的魅力，使游客身临其境地感受非遗文化。这种模式的推出，既能为游客提供丰富的文化体验，又能为非遗的传承和发展注入新的生机与活力。对非遗的挖掘与运用，在丰富群众精神文化生活的同时，更好地将非遗这种独特的人文底蕴传承下去，使更多的人了解并热爱传统文化。

第二节　非遗文化发展的机遇

一、机遇分析

（一）加强政策支持和资金投入

中国对非遗保护和传承工作非常重视。近年来，一系列政策措施的出台，为非遗事业的发展提供了强有力的支持。《中华人民共和国非物质文化遗产法》的颁布、实施，为保护、传承和发展非遗提供了法律保障。各级政府为支持非遗项目的挖掘、保护和传承，设立了非遗保护专项资金。这些政策措施为非遗事业发展注入新活力。以故宫博物院为例，作为国家非物质文化遗产保护单位，故宫博物院在非遗传承、创新方面，充分利用政策扶持和资金投入等优势，积极开展工作。故宫博物院在有效保护非遗的同时，通过组织非遗展示、开展非遗传承人培训、开发非遗创意产品等方式，让更多的人了解非遗、喜爱非遗。这一成功案例表明，在非遗发展中，加大政策扶持和资金投入力度是重要的机遇之一。

（二）推动数字技术发展，深化跨界合作

数字技术的飞速发展，为非遗的传播与展示开辟了一条全新的途径。现代技术手段，如虚拟现实、增强现实、3D 打印、数字动画，使非遗能以更直观、形象的形式呈现在大众面前，既提高了非遗的传播效率，又增强了它的

吸引力和感染力。跨领域合作的深入发展，给非遗的发展带来了更多新的机遇。把非遗与多个领域（如旅游、教育、设计）相结合，可开发具有较强市场竞争力的产品和服务，这是随着数字技术发展在非遗保护与传承中，面临的新挑战。

例如，某短视频平台对非遗和现代技术的结合做出了很好的推广，给年轻用户群体带来了很多的关注。该短视频平台上有很多非遗创作者以创意短视频的形式，展示了自己的专业技能，并讲述了非遗的故事，成功地吸引了大量的粉丝和观众，还与很多非遗项目进行合作，共同举办非遗购物节等活动，对非遗的商业化起到了推动作用。从跨领域合作的成功案例来看，数字技术的推广与跨领域合作的深化是非遗发展的又一重要机遇，并会因此产生更多的发展机会与可能。

二、案例分析

（一）数字化、互联网给非遗保护、传承和发展带来新机遇

近几年，高速发展的数字技术和互联网技术给非遗的传播与保护开拓了一条新路。例如，在某电商平台上，以短视频和直播的形式，把非遗产品的市场界限大大扩展。有一些优秀的非遗传承人，借助短视频平台向广大观众展示了自己的非遗技艺和传统文化。电商平台、短视频平台为非遗传承提供了更多传播的途径，不仅使非遗得到了更高的曝光率，也促进了与之相关的产品销售。这种"互联网＋非遗"模式在为非遗传承注入新的活力的同时，为非遗的产业化发展开拓了广阔的空间。所以，在保护非遗方面，这种"互联网＋非遗"模式具有十分重要的意义。

（二）文化与旅游的融合促进了非遗传承

以三峡人家景区为例，该景区将非遗与旅游业相融合，利于非遗的传承。2020年以来，该景区在非遗项目上投入大量资金，对这些项目进行功能改造，并针对皮影戏馆、南曲馆等非遗项目设置原生态手工艺制作场景，以

使游客在旅行中近距离感受非遗文化的魅力；又通过组织大型旅游文化活动、开发非遗旅游线路等，进一步促进非遗的传播，增强其影响力，以丰富旅游产品的文化内涵，促进非遗传承。游客在游览过程中，既能欣赏非遗技艺的精彩表演，又能有机会在非遗传承人的指导下亲身参与非遗产品的制作，进而加深对非遗文化的认识。

第三节　非遗文化发展趋势预测

一、技术创新驱动

在当前非遗的发展中，技术创新是其持续繁荣和广泛传播的关键动力。这一趋势不仅体现在非遗的记录、保护和传播上，也深刻影响着非遗的创新转化和市场拓展。以云锦数字博物馆为例，数字技术使云锦传统工艺有了前所未有的数字化展示和传播的机会，不仅将云锦的复杂编织工艺高清再现，还通过互动体验使全球观众对云锦的独特艺术魅力有了深入的体会。数字技术在给非遗的保护和传承带来诸多好处的同时，能以创新方式增强非遗的吸引力和影响力，在保护非遗中发挥着举足轻重的作用。

非遗的创新转化与市场化发展，也是技术创新推动的。不少企业在设计、制作非遗产品时，应用现代科技元素，盘活传统非遗技术。如国内某美妆品牌通过对传统工艺的复制，将传统工艺与现代人审美、需求相结合，推出中国传统工艺设计的美妆产品，不仅在国内市场大受欢迎，在北美、日本等国际市场上也成功销售这些产品，实现了传统与现代的完美融合。另外，非遗与电商平台的结合，打开了更广阔的市场空间，在电商平台成功销售、推广非遗类产品。非遗传承人可以通过电商平台将自己的产品直接推广、销售给消费者，在拓宽销售渠道的同时，提升了非遗的市场生命力。这些案例表明，技术创新能提升非遗产品附加值和市场竞争力，为非遗传承、保护奠定坚实的经济基础，推动非遗产业发展。

二、跨界融合趋势

在当前非遗的发展和未来发展中，跨界融合已成为一个显著而重要的趋势。跨界融合不仅为非遗的传承注入了新的活力，也为非遗在现代社会的广泛应用开辟了新的途径。

非遗与旅游业的跨界融合日趋紧密，给游客带来了更丰富的文化体验。以云南丽江古城为例，当地有纳西族东巴文化和以纳西古乐为代表的非遗，以"非遗＋旅游"模式，在旅游线路和旅游产品中融入非遗文化元素，让游客在参观古城的同时，能对纳西族传统手工技艺的东巴造纸及东巴绘画进行了解、学习。这种身临其境的文化体验，使游客对旅游的文化内涵有更深刻的认识和体会。此外，傣族泼水节及彝族火把节之类的非遗节庆活动，也成为吸引游客和促进当地经济发展的重要旅游资源，能进一步带动当地旅游文化产业的发展。这种跨界融合，不仅使非遗得以更广泛地传播，还为旅游业增添了文化内容，实现了双赢。

非遗与现代设计、时尚产业的跨界融合，为传统技艺的现代化改造提供了新的思路。以中国传统技艺苏绣为例，通过将苏绣与现代设计相融合，使苏绣这一传统非遗技艺获得新生。设计师将传统刺绣纹样与现代审美相结合，创造出服饰、家居用品等，这些产品既有传统的文化韵味，又符合现代人的审美需要，不仅在国内市场广受欢迎，也成为展示中国文化的亮丽名片，成功打入国际市场。此外，一些品牌还与非遗传承人合作，如在现代包装设计中应用传统剪纸工艺、在现代家居设计中应用传统陶瓷工艺，共同开发具有市场竞争力的非遗文化创意产品。这些跨界融合的做法，既丰富了非遗的表现形式，又为非遗找到了在现代社会传承与发展的新路子。

三、以市场为导向发展

（一）市场需求驱动产品创新

非遗市场化发展的核心动力是市场需求驱动的产品创新。随着"90

后""00后"成为消费主体，非遗产品创新的市场空间更加广阔。他们对传统文化的兴趣增加、需求增长。很多非遗传承人开始尝试将传统技艺与现代审美相结合，打造出非遗产品，这些产品既保留了非遗的传统韵味，又具有现代审美特点。如在现代服装设计中运用传统刺绣工艺，在现代家居装饰中运用传统陶器。这些创新既能满足消费者多元化的需求，也推动了非遗的传承与弘扬。

（二）多元化传播渠道的市场拓展

非遗市场化发展的重要途径是多元化传播渠道的市场拓展。非遗项目的传播与推广随着数字技术、互联网等的发展而更加多样化、高效化。除了传统的展览、演出等形式，在非遗的传播中，新媒体渠道，如短视频、直播、电商平台，也成为重要传播渠道。一些致力传播非遗的短视频创作者，为全球观众呈现了非遗。这些短视频视角独特，表现生动，使非遗知名度和影响力得到了极大的提升。电商平台也为销售非遗产品提供了便捷渠道。此外，对于非遗传播，文旅融合也是一种重要的方式。以山西乡宁云丘山为例，该景区以文塑旅、以旅彰文，促进非遗文化与旅游融合发展，开设了非遗工坊和农耕体验区。游客可以参加皮影制作、古法扎染，观看非遗传承人演出。该景区还为周围村民提供免费商铺，方便他们销售非遗手工艺品。景区非遗产品销售额可观，带动了周边16个自然村的村民增收。

四、国际传播

非遗通过各种国际活动得到广泛传播。近年来，随着经济全球化和文化交流的不断深入，更多的非遗项目传承人走出国门参加各类国际文化交流活动。例如，世界非物质文化遗产节作为非物质文化遗产国际传播的桥梁，对非物质文化遗产的国际传播起到了重要的促进作用。通过这些活动，非物质文化遗产得以跨越地域界限，在全球范围内传播。

数字技术的应用为非遗的国际传播开辟了一条新的途径，这得益于科技的飞速发展。利用虚拟现实技术和增强现实技术，观众可以在网上身临其境地感受非遗的魅力。比如，一些博物馆和文化机构以数字化方式创建非遗项目的虚拟展览，使观众在电脑或手机上能够浏览精美的非遗作品及其制作过程介绍。

电商平台也为非遗产品的国际销售提供了方便的渠道。不少非遗传承人在跨境电商平台上开设店铺，向世界各地销售非遗产品。

上述方式为保护、传承好非遗提供了有力的国际传播支持。以数字化传播方式为基础的传播手段，不仅突破了地域的限制，也使非遗的传播范围得到了拓展，使非遗走向国际舞台。

第三章　非遗文化数字资源建设

第一节　数字资源建设的标准与规范制定

一、标准与规范制定的背景和意义

随着信息化、数字化的快速发展，非遗文化的保护与传承面临前所未有的机遇与挑战。非遗是人类文明的瑰宝，具有很高的文化价值，其保护和传承具有重要的社会意义。然而，由于非遗的特殊性，其数字化资源建设在采集、加工、存储、整合、共享等方面存在一些困难和问题。因此，制定非遗数字资源建设的标准和规范显得尤为重要。

非遗具有多样性、复杂性和地域性等特点。非遗的数字资源建设需要制定符合其特点的标准和规范，充分考虑不同非遗项目的实际情况。非遗的传承与发展，需要对非遗进行数字化保护与传播，利用数字化技术手段来实现非遗的数字化。在非遗数字化过程中，面临的重要问题是如何确保非遗的真实性、完整性和安全性。所以，确保非遗文化的传承与发展，制定非遗数字资源建设标准与规范意义重大。

二、标准与规范制定的原则

（一）统一

（1）数据格式统一：确定统一的标准数据格式，确保数字资源在不同来源平台之间无缝融合。数据资源类型多样，包括文字资料、图片、音视频资源等，统一成标准的数据格式，方便数据存储、传输、共享、使用。

（2）术语和定义的统一：在数字资源建设中，相关术语和定义要有明确的统一解释，以减小认识上的差异对数字资源建设造成的影响，并提高办事效率。

（3）建设流程统一：设计统一的数字资源建设项目流程，此流程覆盖需求分析、开发试验部署等各个环节。统一的流程能够保证数字资源建设的标准化与一致化，提高项目管理的实效性。

（二）规范性

（1）遵循国家标准和行业规范。数字资源建设应参照和执行有关国家标准和产业规范，这对保证数字资源建设的合规性和权威性、提高数字资源的质量和可信性有很大的帮助。

（2）明确责任和义务。各有关方面在数字资源开发、建设过程中的责任与义务，应该是非常明确的。数字资源提供方应保证所提供的数字资源内容真实、合法；数字资源开发方要遵循统一的标准、规范进行数字资源的开发工作；数字资源的使用者在获取和使用数字资源的时候，应该严格遵守相关使用条款和规定等。

（3）建立监督机制。建立行之有效的监督管理机制，对数字资源建设过程进行监督、检查，确保数字资源建设的规范性和高质量，并对出现的问题进行及时解决，有助于充分发挥数字资源的优势。

（三）先进性

（1）引进新技术、新方法。数字资源建设标准和规范制定，要充分考虑新技术、新方法的应用。例如，为了提升数字资源处理、分析能力，引进大数据技术、人工智能等先进技术；为了提升数字资源存储和传输效率，采用云计算、区块链等技术。

（2）关注国际前沿动态。密切关注国际数字资源建设的科技动态，及时了解国际先进经验和技术成果。

（3）不断创新、完善相关标准和规范。在数字资源建设过程中，应不断创新、提升相关标准、规范。根据实际需要和技术发展情况，及时对标准、规范的内容和要求进行调整、优化，保持标准和规范的先进性和实效性。

（四）实用性

（1）制定数字资源建设标准、规范时，在满足用户需求和期望的基础上，应充分考虑数字资源实际使用场景，使标准、规范真正有利于提高数字资源的实用性和易用性。针对这一点，在数字资源建设中应充分考虑实际需求，进行合理规划。

（2）制定简明扼要、易于实施的标准和规范，避免数字资源建设流程过于复杂和冗长，以降低使用者的学习、使用成本。

（3）在数字资源建设中要充分考虑用户的实际使用情况和反馈意见，及时收集数据并加以分析和评价，做到有章可循，并有针对性地改进和优化数字资源建设工作。在数字资源建设过程中，效果评估是必不可少的。

三、标准与规范制定的内容

（一）资源收集标准

（1）收集范围：要明确纳入收集范围的数字资源的种类、领域、来源等。这对保证资源的综合性、多元性是有帮助的。

（2）收集方式：数字资源的收集方式包括购买、扫描、数字转换等。同时，针对不同的收集方式，明确操作规范和技术要求，确保收集过程标准化、精准化。

（3）质量控制：制定包括资源完整性、准确性、真实性等方面内容的数字资源收集质量控制标准。通过质量控制，保证收集的数字资源符合使用要求，使数字资源的品质和价值得到提高。

（二）数据处理标准

（1）数据分类编码：合理地按数字资源的种类、属性分类编码资源。分类编码要遵循便于资源检索和管理的统一标准和规范。

（2）元数据描述：制定统一的元数据说明标准，对数字资源进行全面的说明和认定。元数据应包括资源的基本信息，如标题、作者、出处、关键词及摘要，也应包括技术信息，如资源的种类、格式及尺寸。数字资源的快速检索和定位可以通过元数据描述来实现。

（3）数据清洗和转换：处理资料时，要做资料的清理和转换工作。资料清理包括将重复的、错误的、无效的资料清除，以保证资料的准确性。资料转换是将原始资料转换成统一格式，以供后续处理和应用。

（三）存储、管理标准

（1）存储介质选择：选用存储介质，以利于数字资源的存储。存储介质应满足长期保存和高效利用数字资源的需要，具有容量大、存储速度快、稳定性好等特点。

（2）数据备份和恢复：制定资料备份与恢复策略，确保在资料遗失或损毁的情况下，能及时恢复数字资源。备份策略应包括多种备份方式，如定期备份、异地备份，以增强资料的可信度和安全性。

（3）访问权限管理：对数字资源的接入权限进行严格的控制和管理。通过设置门禁权限和密码等，防范违规进出和泄密事件的发生。

（四）整合、共享标准

（1）资源整合方法：明确数据整合、服务整合等数字资源整合方式。数字资源的有效整合可以通过选择和实施整合方式来实现。

（2）资源共享机制：通过建立和实施包括共享范围、方式、条件等的共享机制，推动数字资源广泛共享和有效利用。

（3）跨平台互操作性：保证各个平台数字资源的良好互通。通过建立统一的标准和规范，如数据接口、通信协议，可使不同平台的数字资源实现无缝整合和互通。

四、标准与规范制定的实施

第一，筹备阶段。在此阶段需要对数字资源建设的目标、范围和要求进行全面的调研和需求分析，做到心中有数。与此同时，组建专业团队，对数字资源建设的标准和规范进行研究、探讨。该团队包括图书馆员、技术专家、内容创作者等。该团队需要参考国内外相关标准和实践经验，并根据实际情况制定初步的标准；还需要构建相关的框架，对一些要素，如标准和规范的目的、范围、原则需要明确，以便指导后续工作的开展。

第二，制定阶段。在此阶段，团队需要细化、完善初步框架，在框架基础上撰写标准、规范的文字。这项工作包括明确资源归集的标准，如归集范围和方式、资源质量要求；制定资料加工标准，对资料的分类和编码、元资料的说明等流程进行规范；制定包括存储介质选择、资料备份与恢复、接入权限管理等在内的存储管理规范；制定融合、共享的标准，在不同的平台上保证数字资源的互通性，实现数字资源的大范围共享。此外，在制定标准和规范过程中，为确保标准、规范的先进性和实用性，还应注重新标准与现有标准的兼容性、新标准的前瞻性。同时，广泛征求各方面意见，确保标准、规范得到广泛认可和支持。

五、标准与规范制定的效果评估

标准与规范效果评估的主要目的是，综合衡量标准、规范在实际运用中的表现，如资源采集的规范性、数据处理的精确性、资源存储和管理的安全性，以及资源集成、共享的便捷性。对实施标准、规范后所产生的变化进行分析，如提高资源收集效率、降低资料管理成本、增加资源集成和共享次数，对标准和规范的实际应用效果进行直观评价。实施统一的元数据描述标准后，数字资源检索效率和精确性得到了明显提高，用户满意度也相应得到提升。另外，通过收集用户反馈信息并开展案例研究，能够进一步认识标准和规范的适用性以及问题所在，从而为今后的标准、规范修订与完善工作提供借鉴和依据，使标准、规范更加符合实际需要。

还需要注重对标准和规范的有效性评价。标准和规范的制定、实施，应既有利于数字资源质量和效益的提高，又有利于推动数字资源的广泛共享和有效利用，这是中国制定和实施数字资源建设标准、规范的必然要求。在评估标准和规范的过程中，应注意标准、规范对数字资源建设整体发展的促进作用。具体而言，在评估中，应从提升资源收集效率、降低数据处理成本、优化资源存储和管理流程、促进资源整合和共享等方面分析标准、规范对促进数字资源建设的贡献。与此同时，应注意标准、规范在促进新技术应用、鼓励资源多元化开发、推动跨界合作等方面对创新的推动作用。通过评估，对数字资源建设中标准、规范的实际效用和价值有全面的认识。

对标准、规范的实施效果进行评价，是保证数字资源建设持续优化的关键环节，要综合衡量标准、规范在实际应用中的表现，对存在的问题进行及时解决，并对标准、规范以及数字资源建设的工作进行持续的优化，以促进数字资源建设向更高质量、更高效益的方向发展，为数字资源的可持续发展提供有力保障。

第二节　高效的数字资源采集、整理技术

一、数字资源采集技术

（一）立体化采集技术体系

1. 多模态数据采集技术

在非遗影像记录方面，可采用 4K/8K 超高清摄像、360° 全景拍摄、动态捕捉等技术，对非遗表演类项目（如戏曲、舞蹈）进行高精度影像留存。例如，川剧变脸的动态表情捕捉需要应用高速摄像机与动作追踪传感器。在非遗实物建模方面，可利用激光扫描、摄影测量等技术，对非遗实物（如传统手工艺品、建筑）进行三维建模。例如，敦煌壁画的数字化修复项目即通过高分辨率扫描实现毫米级细节还原。在非遗音频采集方面，可采用多声道录音、声场还原技术，记录非遗声音类项目（如民歌、器乐演奏），并通过降噪算法优化音质。例如，古琴演奏的泛音采集需要应用高灵敏度麦克风与声学环境模拟技术。

2. 活态传承场景采集技术

基于非遗的活态性特征，采用可穿戴设备（如智能手环、头戴式摄像机）实时记录传承人的技艺操作过程，结合环境传感器同步采集非遗产品制作时的温度、湿度、材料形变等物理参数，构建动态化、场景化的数字档案。

（二）数字资源智能化采集与语义化处理

1. AI 驱动的自动化采集优化

通过计算机视觉和机器学习算法，实现非遗资源的智能识别与标注。例

如，AI可自动识别剪纸纹样的文化符号特征，并关联其地域、流派等元数据。边缘计算与移动端设备（如无人机、手持扫描仪）的结合，降低了田野调查的硬件门槛，实现了偏远地区非遗项目信息的快速采集。

2. 语义化元数据构建

采用自然语言处理技术，对非遗口述史、传承谱系等文本资源进行语义分析与知识图谱构建。例如，苗族古歌的歌词可通过语义分割技术提取核心文化意象（如"枫树""蝴蝶妈妈"），并映射到民族文化知识库中。区块链技术的应用可确保采集的数据的不可窜改性，通过哈希值锚定采集时间、地点及版权信息，为后续资源确权与共享奠定基础。

二、数字资源整理技术

（一）数据清洗与标准化处理

1. 多源数据清洗与融合

冗余数据剔除：利用去重算法（如哈希值比对）删除重复采集的影像、文本或三维模型数据。例如，同一地区不同团队采集的刺绣纹样图像需要通过像素级比对消除重复项。

异构数据对齐：将不同格式（如JPG、RAW、OBJ）、分辨率（4K与8K混存）及采集设备（无人机、扫描仪）生成的数据统一转换为标准化格式（如TIFF、FBX），并建立统一时空坐标系。

2. 元数据标注与分类

基于国际标准（如Dublin Core、CIDOC CRM）构建非遗专属元数据框架，定义核心字段（如"传承人""地域流派""技艺流程"）。例如，宜兴紫砂陶制作技艺需要标注"泥料类型""成型技法""烧制温度"等工艺参数。

采用AI辅助标注技术：例如，通过计算机视觉自动识别剪纸纹样的文化符号类别（如"福字""生肖"），或利用语音识别技术，将口述史料转为结构化文本并标注关键词。

（二）数字资源语义化整合与知识图谱构建

1. 本体建模与语义关联

构建非遗领域本体，定义核心概念（如"技艺""传承人""文化空间"）及其逻辑关系。例如，苏州缂丝织造技艺的"挑经显纬"技法可关联"工具（木机、梭子）""材料（蚕丝）""纹样（龙凤图案）"等实体。

采用数据关联技术，打通跨平台、跨机构资源。例如，将敦煌壁画中的飞天形象与舞蹈非遗中的"飞天舞"动作库通过 RDF（resource description framework，一种用于描述 Web 资源的标记语言）语义关联，形成跨门类文化映射。

2. 动态知识图谱构建

基于自然语言处理技术抽取非遗文献、口述史料中的实体与事件，结合图数据库（如 Neo4j）构建可扩展的知识图谱。例如，苗族银饰锻制技艺的知识图谱可动态关联"纹样符号—神话传说—匠人谱系—当代设计案例"等节点。

引入时序维度：记录技艺演变脉络（如昆曲唱腔的百年变迁），通过时间轴图谱可视化呈现非遗活态传承的动态过程。

第三节　数字非遗资源库的构建与动态管理

一、数字非遗资源库的构建

（一）资源收集

资源收集是建设数字非遗资源库的第一步，也是基础、关键的一步。非遗资源的多样性、复杂性和分散性，要求对其进行全面、深入、细致的收集工作。

（1）多渠道收集：非遗资源收集应通过实地考察、传承人访谈、文献综述、网上征集等多渠道开展。通过实地考察，可以直接获得第一手资料；对传承人进行访谈，可以更深入地了解非遗项目的内涵和技能；文献综述可以补充历史背景和文化脉络；通过网上征集，可以获得更广泛的信息资源。

（2）标准化采集：为了保证采集资源的统一性和可比性，有必要制定标准化的采集规范，此规范包括明确采集的内容资料、格式、采集标准等，如音视频资源的分辨率和编码格式、图像资源的像素大小和色彩模式。同时，为了记录资源收集过程，确保资源的可追溯性，可建立资料库，对资源采集过程进行跟踪。

（3）全面覆盖：非遗资源收集应采用尽可能多的手段覆盖各类非遗项目，既包括国家级的非遗项目，也包括省级、市级等的非遗资源。这样有利于构建完整、系统的非遗数字资源库，保护、传承各类非遗资源。

（二）资源组织

资源组织是将采集的原始资源转化为可存储、可检索、可利用的数字资源的过程。这一步非常关键。想提高资源的质量，先要把资源的可用性提高。

（1）分类和元数据描述：对采集到的资源进行合理分类，并增加元数据的详细说明。可按类别、地域、传承人等不同维度对非遗项目进行分类。元数据包括资源名、作者、出处、创建时间、关键词等。资源的快速定位、检索可以通过分类和元数据描述来实现。

（2）数字化处理：包括转码压缩音频和视频、格式转换和图像大小调整等原始资源的数字化处理。数字化处理旨在在保持资源原有质量和特性的同时，提高资源的存储效率和传输速度。

（3）质量审核：对已分类的资源进行质量审核，确保其准确性、完整性和可用性。质量审核包括检查资源的格式、清晰度、完整性和其他方面。对于不符合要求的资源，需要重新收集或处理。

（三）数据库的建立

数据库的建立涉及选库、设计、实现、维护等各个方面，是构建数字非遗资源库的核心环节。

（1）数据库选择：根据非遗资源的特点和建立数字非遗资源库的具体需求，选择合适的数据库管理系统。常用的数据库管理系统有 MySQL、Heacle、SQL Server 等，这些系统的数据存储、查询和管理能力都很强，可以满足建设数字非遗资源库的需要。

（2）数据库设计：以非遗资源分类和元资料说明为依据，合理设计数据库结构。数据库设计包括对数据表、字段、索引等的确定，以及对数据表之间关系与约束的设计。通过数据库设计，可对非遗资源进行规范保管、高效查询。

（3）实现与维护：数据库设计完成后，进行数据库的实现工作，这包括创建数据库、导入数据、编写查询语句等。此外，需要定期对数据库进行维护和更新，这包括数据备份、数据恢复、性能优化等。通过对数据库的实现和维护，可以保证数字非遗资源库的稳定运行和可持续发展。

二、数字非遗资源库的动态管理

（一）数据更新与维护

动态管理数字非遗资源库，主要体现在对数据的持续更新与维护上。

（1）定期更新：非遗传承是一个动态的过程，不断有新的非遗项目涌现，已有的非遗项目在不断地演进、变化。资源库建设需要对数据进行定期更新、对资源内容进行补充等。这就要求资源库管理团队密切联系非遗传承人、专家、学者，及时掌握非遗最新动态，做到心中有数。

（2）数据审核：在资料更新过程中，要确保新增、修改资料准确无误，就需要进行严格的数据审核。数据审核工作的目的是，确保数据真实、完整、规范、准确。

（3）数据维护：除了定期更新外，还需要对资源库中的数据进行日常维护，这包括数据备份、数据恢复、数据清理等。这些工作的目的是，确保数据的安全性和可用性，防止数据丢失或损坏。

（二）用户交互与反馈

用户是数字非遗资源库的使用者和反馈者，对资源库的优化升级有非常重要的意义。用户提出的需求与反馈是重点考虑的对象。用户反馈是资源库升级过程中很重要的一个环节。

（1）用户参与：为了增强资源库资源的丰富性，鼓励用户参与资源建设与管理。例如，用户可以上传自己的作品，也可以对已有资源进行评价；可建立用户中心或社区平台，促进用户之间的交流与经验分享，营造良好的互动氛围。通过用户参与来实现资源的多样性、互动性的提升。

（2）反馈机制：建立一套完善的用户反馈机制，及时收集、处理用户的意见和建议。在分析用户提出的问题和意见之后，要迅速给出令用户满意的答复或切实可行的解决办法。这对提高用户的满意度和忠诚度有促进作用，有利于资源库的长期发展和可持续经营。

（3）个性化服务：根据用户兴趣和需求，提供个性化的资源推荐和服务。通过数据分析技术，分析用户习惯和偏好，推荐符合用户需求的相关资源，提升用户体验和满意度。

（三）技术升级与安全保障

随着技术的发展，数字非遗资源库的技术水平要不断提高。为了保证资源库的安全，需要不断地进行技术升级和安全保障措施的完善。

（1）技术升级：对资源库，采用紧跟时代技术潮流的先进技术手段进行升级和优化，利用云计算技术提高资源库的存储能力，运用大数据处理技术提高资源库的处理智能程度，在资源库建设中运用人工智能。对新兴技术的发展趋势保持关注，并适时将其应用到资源库的建设和管理工作中。

（2）安全保障：加大资源库的安全保障力度，使资料得到安全可靠的储存和保管。例如，设置防火墙，保护网络不受攻击，对资料进行加密存储，以杜绝数据外泄现象的发生；定期做好数据备份，以防数据丢失。另外，要制订与完善突发事件应急处理预案，做到防患于未然。

（3）标准化、规范化：在资源库技术改造过程中，注重资源库标准化、规范化建设。遵循国际、国内相关标准和法规，确保资源库建设和管理符合行业要求和法律法规。通过标准化建设，可以提高资源库的互操作性和可扩展性。

（四）库内资源共享与利用

数字非遗资源库建设的最终目的是，通过资源共享与利用，促进非遗文化传承与发展，通过库内资源互通共享，实现非遗文化的全面保护与传承。

（1）资源共享：打破信息孤岛和数据壁垒，实现非遗资源共享。通过建设非遗大数据平台或加入相关联盟组织，与其他机构共享非遗资源，形成资源互补和优势互补的良好局面；与此同时，加强与其他文化领域的交流、合作，促进非遗文化与其他文化的融合发展，充分发挥非遗的价值与作用。

（2）资源多元利用：为了鼓励和支持对非遗资源进行多元利用，对非遗资源进行开发，为消费者提供非遗文化产品和服务，如开发、展览非遗旅游产品。在创作非遗文学、艺术作品的同时，使其转化为有市场竞争力的文化产品和服务，有利于促进非遗传承与发展，提高非遗的知名度和影响力。

（3）资源推广：加大非遗资源的市场推广力度，运用社交媒体、网络平台、传统媒体等多种渠道，对非遗的价值与魅力进行广泛的宣传。通过组织开展各类非遗推广活动、培训等途径，提高广大群众对非遗的认知与重视程度，进而形成保护、传承非遗的浓厚氛围与合力，使非遗得到更有效的传承与弘扬。

第四节　数字资源的共享机制与利用策略

一、数字资源的共享机制

（一）共享平台建设

非遗数字资源共享平台的搭建，需要明确将该平台定位为对各地非遗数字资源进行整合、展示数字资源的非遗集散中心。该平台要有较强的资源整合能力，能够收集、整理、分类各类非遗项目的数字资料，如视频、音频、文献资料，保证资源的综合性、系统性。同时，该平台需要专注于用户体验，为用户浏览、搜索和获取所需资源，设计直观、友好的界面和便捷的操作流程。该平台还应根据用户的兴趣偏好，针对增强用户黏性的需求，为用户提供个性化推荐服务，推送相关非遗内容。

技术支撑是建立共享平台的关键所在。运用云计算技术、大数据技术、人工智能等先进技术，保证共享平台的海量数据存储能力、强大的数据处理能力和智能推荐能力，以满足不同用户的多元化需求。同时，建立严格的数据标准和规范，保证不同来源的非遗数字资源能够相互兼容和共享。在数据安全方面，采取多重保护措施，如数据加密、访问控制、定期备份，保证用户数据的安全和隐私性。共享平台也要具备可扩展性，以随着非遗数字资源的不断增加而灵活调整资源存储和计算能力，应对不断增长的业务需求。因此，技术支撑是打造具有良好用户体验的共享平台必不可少的。

共享平台的推广与合作是扩大其影响力、促进非遗传承的重要途径。通过线上、线下的非遗推广活动，如社交媒体营销、文化节活动，吸引更多的用户关注和使用共享平台。同时，积极寻求与文化旅游部门、教育机构、企业合作，共同开发非遗产品，举办非遗活动，实现资源共享，互利共赢，丰富平台的内容资源，提升用户体验，促进非遗的传承和发展。通过合作的方式，能够让更多人深入了解和热爱非遗，也致力将这些宝贵的非遗传承下去，让更多人认识到它们的存在与重要性。

（二）共享政策的制定

建设非遗数字资源时，共享政策的制定必不可少，核心目标是促进非遗数字资源的广泛流通和有效利用，使更多的人有机会接触和认识这些宝贵的文化遗产。通过与多方利益相关者共同制定共享政策，促进非遗数字资源转化为可供共享的知识财富，对非遗传承、创新起到促进作用。要通过共享政策明确非遗资源共享的核心目标，并让非遗传承人、文化机构、企业等多方共同参与资源共享。共享政策要包括一系列具体措施，才能达到核心目标。一是确立保障各方权益的基本原则，建立利益分配机制，构建资源共享框架。二是推动建立包括数据采集、处理、存储、共享等在内的非遗数字资源统一标准，确保资源互通有无、有序利用。同时，为降低用户获取资源的门槛，搭建一个为资源检索、下载和交流提供便利服务的非遗数字资源共享平台。此外，政府应出台鼓励更多实体参与非遗数字资源共享的资金补助、税收优惠等相关政策。

为顺利执行共享政策，建立与之相适应的监管考核机制是十分必要的。政府要加大力度对非遗数字资源共享过程进行监管，对资源安全和合法性严格把关，防微杜渐；并对资源共享效果进行经常性的考核和评价，做到心中有数，并能及时制订优化方案，做出相应的调整。另外，要促进公众对非遗数字资源共享的认知与参与，营造良好的社会氛围，使非遗数字资源得到最大限度的保护与利用，对非遗的传承与发展起到积极作用。

（三）推广共享服务

建设非遗数字资源是推广共享服务的重点。共享服务的目的是使更多的人方便地获取和利用非遗数字资源，促进非遗传承与发展。要达到这一目的，就必须突破地域和时间的限制，让非遗广泛地接触目标受众。促进非遗数字资源共享服务是当前的一个重要课题，可以采取以下策略来进行：一是为了加强对非遗数字资源的宣传和推广，将宣传重点放在社交媒体上的线上平台和线下活动上；二是精心制作宣传素材，对非遗数字资源进行图文并茂的介绍；三是以合作的形式进行非遗数字资源推广，以提高共享服务的知名度和接受度；四是在提高公众对非遗数字资源认识的基础上，吸引更多的人参与非遗保护和传承；五是加强与文化机构、教育机构、企业等的合作。

对共享服务的推广而言，了解用户体验、共享服务的有效性十分重要。及时获得用户对共享服务的反馈信息，了解用户对共享服务的满意程度以及用户提出的改进意见和建议，有利于据此及时调整和完善服务内容，不断优化共享平台的功能和界面设计，提高共享服务的便捷性，进而提高用户对共享服务的总体满意度。另外，可以建立用户社区，鼓励用户间的互动与沟通，促进非遗传承和创新。对共享服务的长期实效性也要做到心中有数，并定期对共享服务推广成果进行评估和分析，评估和分析的结果能为今后改进工作、确定工作方向提供依据。

二、数字资源的利用策略

（一）在教育教学领域的应用

非遗数字资源在教育教学中的运用，既丰富了教学内容，又激发了学生的学习兴趣与创造力。其中，高清影像可以使学生有身临其境的感觉，对非遗技艺的精髓有深入的了解。比如，对传统的手工艺进行介绍时，教师可以现场展示数字化修复的历史文物或播放工匠制作非遗作品的视频，使学生通过直观的方式感受到传统手工艺的魅力。这种直观的教学方式与传统的文字描述相比，更能吸引学生的注意力，使教学效果得到提高。

数字资源对非遗的传承和创新具有很大的推动作用。教师可运用这些资源设计一些互动式的教学活动，激发学生的参与热情，从而加深学生对非遗的认识与体会，培养学生的实际动手能力和团队协作精神。教师也可以运用一些非遗数字资源，有针对性地指导学生进行自主学习与研究性学习，从而培养学生的自主学习能力和信息素养；可以让学生在网络平台对非遗项目进行搜索与了解，并加入网络社区进行研讨。

将非遗数字资源引入教育教学领域，对培养学生的文化传承意识也起到了促进作用。学生学习非遗，能够深刻领会到自己作为一名中国公民的身份和使命，增强对传统文化的自豪感；并且能从非遗中不断汲取智慧与灵感，为今后的创新与发展注入源源不断的动力。所以，把非遗数字资源运用到教育教学中去，既有利于传统文化的传承与发展，也有利于学生素质的全面提高，具有十分重大的意义。

（二）在文化创意产业中的应用

1.数字内容创作

非遗数字资源为数字内容创作提供了丰富的素材和灵感。随着短视频、直播等新媒体形式的兴起，更多的创作者开始探索非遗的数字化表达。他们通过视频编辑、音乐剪辑等技术，利用高清摄像机和无人机等先进设备，将非遗作品的制作过程记录下来，并创作出极具魅力的数字内容。如短视频平台主创人员发布了展示剪纸大师精湛技艺、独具匠心的系列短片。这些视频在展现剪纸艺术魅力的同时，激发了观众对非遗的兴趣和关注，通过引入增强现实等技术，让观众在沉浸于传统文化独特魅力的同时，仿佛置身于非遗技艺传承的真实情境中，能够身临其境地感受那跨越时空的文化传承。

2.跨界合作

跨界合作为文化创意产业注入了新的活力，使非遗能以更多样化和创新的形式呈现在大众面前。"非遗+NFT（non-fungible token，简称NFT，即非同质化代币）"的合作模式正逐步发展。作为一种基于区块链技术的数字资产，NFT可以为非遗的数字保护和财产保护提供全新的解决方案。部分非遗项目以发行NFT数字证书的方式，将非遗作品转化为可识别、可追溯、可交易的数字资产，以吸引年轻受众和投资者的眼球，在数字文化产业中占有举足轻重的地位。这种合作模式既带来了经济利益，又使非遗文化的社会影响力得到了提升。除此之外，在时尚领域开展跨界合作，开发具有市场潜力的文创产品；在旅游业中推广以非遗为主题的旅游路线和产品；在教育机构中以数字化教学方式开展非遗课程教学，使学生在学习中对传统文化有深入的了解与体会。这些都是对非遗文化传承和发展有积极作用的跨界合作。

在创意产品设计中，非遗数字资源的应用，不仅赋予了传统文化新的生命力，也推动了文化创意产业的创新发展。以苗族蜡染为例，青年艺术家对苗族的历史、文化进行了深入研究，将凤凰、蝴蝶、山水等标志性元素运用数字技术提炼出来，加以解构，重新塑造，将这些元素巧妙地融入既有民族特色又符合现代审美潮流的创意产品中，如手提包、鞋子等现代时尚单品（图3-1）。如某品牌推出了以苗族蜡染为灵感、运用3D打印技术复制皮革上的细腻蜡染花纹的限量版系列手袋。每一款手袋都别具一格，备受消费者青睐。这种将非遗元素与现代设计相结合的产品，在满足消费者追求唯一性、个性化的同时，推动了非遗文化的传播与传承。

图3-1　苗族蜡染文创产品

第五节　数字资源安全保障体系的建设与维护

一、数字资源安全保障体系的建设

（一）数据分类和分级管理

1.数据分类、分级

数据分类、分级是构建非遗数字资源安全保障体系的基础性工作。针对非遗数字资源的多样性及复杂性，有必要建立详尽的数据分类目录来明确每一类数据的敏感性及重要性的等级。如对于"非物质文化遗产资源"，可根据三个不同等级来分别设定不同的保护要求和访问权限。"高度敏感""敏感"和"一般"，分别对应不同等级的保护要求和权限。通过数据分类、分级，做到心中有数，切实把好数据关。

以数据分类、分级为基础，对非遗数字资源进行严格的访问控制和权限管理，以身份认证、网络授权等手段进行技术手段的配套实施，在此基础上进行数据加工、流转过程的翔实记录，做到有据可查，并保证数据的可追溯性。特别是对高度敏感数据进行加密存储和传输技术的使用，可以防范数据泄露和非法获取的情况发生，以保护濒危非遗资源。

2.安全技术支持

保障非遗数字资源安全的核心在于安全技术的运用。在数据的采集、存储、处理、展示、传播等各个阶段，要有相应的安全技术做保障。

采集非遗资源时，利用高清摄像、录音、3D扫描等先进技术，保证资源的真实性和完整性。对采集到的数据进行严格的质量控制和规范的格式处理，为后续的数据处理和利用打下基础，这也是保护和传承非遗的一项重要工作。

在非遗数字资源存储阶段，制定并实施此阶段的技术保障策略，为达到数据的冗余备份和容灾的目的，采用分布式存储和云存储技术；通过数据加密、数据脱敏和访问控制，保证数据在存储过程中的安全性和保密性；采用数据备份和恢复技术，在数据丢失或损坏时快速恢复数据，保证非遗数字资源的连续性和可用性。

在数据处理与展示阶段，利用虚拟现实、增强现实等先进技术，给观众带来身临其境的互动式非遗体验，同时运用数据分析与挖掘技术来发现非遗的价值与模式，为保护和传承非遗提供科学依据。从多个角度对非遗进行深入的研究和挖掘，从而让观众对非遗有全面的了解和认识。

（二）制度保障措施

制度是保障非遗数字资源安全的基石，是推动非遗文化传承、创新的基石。首先，制定既涵盖非遗数字资源的采集、组织、存储、利用和传播等各个环节，又明确资源所有者的权益、使用者的责任、监管者的责任，全面、细致的政策和监管制度。确保每一项操作都在法律框架内进行，切实防止数据滥用、侵权等违法行为的发生，为保护和管理非遗数字资源提供有力的法律保障。然后建立健全管理机制和责任体系，确保制度有效落实。管理机制和责任体系包括明确各级管理机构的职责分工，确保责任主体明确、任务具体，从国家到地方，从政府到社会组织，都要层层抓落实。

对非遗数字资源的收集、处理、发布等环节，实行严格的审批制度，全方位、多层次监管，确保资料真实、完整、安全。加强人员培训和安全意识教育，强化管理技术人员的业务能力和安全意识，使他们在日常工作中，能够熟练掌握数字资源安全防护技能，自觉遵守安全规范、操作规程，做到安全防范，建立应急响应和处置机制，制订详尽、可行的应急预案，确保在非遗数字资源长期安全、可持续发展的情况下，在发生突发事件或安全事故时，能够快速反应、科学应对，将损失和影响降到最低程度。

（三）人才培养

1. 加强安全意识教育

对包括管理人员、技术人员、研究人员、志愿者在内的非遗数字资源建设参与者，定期开展安全意识教育活动，使他们掌握网络安全、数据保护、《著作权法》等方面的基础知识。通过举办专题讲座、研讨会和开设网络课程等形式进行数据安全知识普及，使大家对数字资源安全的重要性有充分的认识，对常见的安全威胁、风险有一定的认识，并掌握基本的数据安全技巧。

结合近期发生的非遗数字资源安全事件，以案说法，对事件发生的原因、影响、应对措施等进行深入剖析，力求做到案结事了，通过一个个真实案例的警示作用，使参与人员的安全意识、责任意识得到强化。同时，鼓励大家把自己遇到的安全问题、解决的办法、工作中的经验和教训进行分享，营造良好的安全知识共享氛围。

建设"人人讲安全，事事保平安"的良好文化，把安全意识教育融入非遗数字资源建设的日常工作中。通过制定安全操作规范、建立安全奖惩机制、开展安全知识竞赛、开展安全意识进人心活动等，激发参与人员保护数据安全的热情。

2. 培养专业技术人才

制订专项训练计划，明确训练目标和要求，保障非遗数字资源安全。该计划应以培养具有深厚文化素养和先进信息技术手段的复合型专门人才为目标，涵盖信息技术、文化遗产保护、法律等多个领域。

构建多层次、多渠道的人才培养体系，整合高校、科研机构、文化机构等各类教育资源。通过开设专业课程、组织培训班、开展实习实训等方式，培养非遗数字资源安全领域的专业人才。引进先进教育理念和技术手段，不断提高培训质量和水平，同时加强与国内外有关领域的交流与合作。

突出实践锻炼对人才培养的重要作用。鼓励参加者通过实际操作，加深对非遗的认识，掌握数字资源采集、加工、存储、利用、传播的技能和方法，积极参与非遗数字资源建设项目的实际工作，同时加强与有关方面的交流与合作，在实践中开阔眼界，增强本领。

为非遗数字资源安全、人才发展建立健全激励保障机制，提供有力支持。具体办法是设立专项资金，为人才提供职业发展机会，加大知识产权保护力度，激发人才的创新活力和创造力，同时重视人才的成长与发展需求，为人才提供全方位的帮助与扶持，以促进人才的全面发展与持续进步，切实保障非遗数字资源安全，把人才队伍建设好。

二、数字资源安全保障体系的维护

（一）定期更新与升级

1. 系统更新

非遗数字资源平台通常会定期发布安全补丁和更新版本，以修复已知漏洞和改善系统性能，运行在特定的操作系统和数据库管理系统上。在正式发布更新版本后的合理时间内，为保证非遗数字资源平台相关系统和软件完成更新，需要建立严格的系统更新机制。

以 Windows Server 操作系统为例，根据微软发布的安全更新公告，用户可以在每个月的第二个星期二（"补丁星期二"）及时下载并安装最新的安全补丁。

安全防护软件（如防火墙、入侵检测系统、杀毒软件）也需要对病毒库、规则库等关键部件进行定期更新，以抵御不断演化的网络威胁。这就要求管理人员密切监测安全软件更新情况，及时下载、安装最新版本，确保非遗数字资源平台的安全防护能力始终保持在较高的水平。另外，对于那些尚未实现自动更新和配置管理的安全防护软件，可以考虑引入自动更新工具，提升软件更新的及时性和便利性。

2. 安全策略调整

对非遗数字资源安全保障体系进行定期风险评估，是更新和升级该体系的重要依据。对需要优先解决的安全问题进行评估，并制订相应的更新、升级计划。评估系统当前的安全状况、潜在威胁和漏洞。针对出现的突发安全事件或新发现的漏洞，建立快速反应机制，迅速启动应急预案，开展应急更新、应急抢修等工作。

建立对非遗数字资源平台运行状况、用户行为、安全事件等情况进行全面监测和记录的综合监测和审核体系。通过对监控资料和审计日志的定期分析，发现安全隐患和行为异常，为非遗数字资源安全保障体系的更新、升级提供有力的支持。此外，监控、审计智能化水平的提高，可进一步提升系统的安全性和稳定性，如可以应用大数据分析技术、人工智能等先进技术。

（二）持续监控与响应

1. 实时监控

保障非遗数字资源安全，需要建立一套完整的监控制度，做到对系统运行的实时监控。实时监控具体包括以下几个方面的工作：网络流量监测与系统日志分析；对数据库的访问情况也要做到有章可循；及时部署入侵检测系统、安全信息与事件管理系统等专业监控工具；对网络中出现的异常行为进行实时捕捉与分析；设置合理的预警阈值，一旦达到预警条件，就立即通知相关人员进行处置。通过实时监控，有效地防范安全威胁的出现，并保护非遗数字资源的安全。

对海量资料进行监控，必然会产生很多数据的收集与处理工作。这时就需要应用先进的数据分析技术，对数据进行多维度、深层次的挖掘和分析，以达到提前预测和预防潜在安全威胁的目的。应用大数据技术是帮助达到这一目的的有效途径之一，具体地说，能帮助发现隐藏在数据背后的安全模式、趋势以及异常的登录行为和数据访问模式等，然后及时采取措施来避免安全事件的发生。通过分析系统日志的关联性进行相关的数据查找和挖掘，就能做到这些。

2.快速反应

发现安全事件或潜在威胁后，要制定高效的响应机制，以保证快速、准确地响应。响应机制包括制订应急方案，对每个环节的责任和任务进行明确；组建快速反应小组，确保人员和装备到位；对已受影响的系统和数据进行紧急隔离，并实施恢复数据备份的应急响应措施；通过模拟演练和实际验证，对响应机制不断优化，提高对突发事件的处置能力，以应对安全威胁。

每次安全事件处置后，都需要进行事后分析及总结，对事件原因进行深入分析，并对事件影响范围及处置过程做出详细总结，在评价监测和反应机制中查找不足并加以改进，在向有关方面报告事件处置情况的同时，加强沟通与协作，从而使非遗数字资源安全保障体系的整体效能得到持续提高。

（三）加强合作

1.国内合作

保障非遗数字资源安全涉及很多部门和多个产业领域，比如文化、科技、教育、档案管理等很多领域，因此应建立促进部门之间与行业之间协作的机制。建立非遗数字资源安全工作分组，该分组由多个部门和行业代表组成，并定期开会，共同研究安全策略、技术标准、资源共享等课题。这样打破部门壁垒，达到资源优化配置和共享目的，促进非遗保护和传承。

建立非遗数字资源共建共享平台，是以合作为基础的一项工作。该平台除了是一个资源存储及展示的空间之外，还是一个集数据交换、安全监控、应急响应等功能于一体的综合性系统。各方能够在该平台上协同上传、更新和维护非遗数字资源，做到及时共享与动态更新资源，并借助强大的安全防护功能对潜在的安全威胁进行及时发现与处置，从而使资源的安全与完整得到充分保障。因此，在合作的基础上建立的非遗数字资源共建共享平台对保护和传承非遗具有非常重要的意义。

2.国际合作

积极借鉴国际先进经验和技术，构建非遗数字资源安全保障体系。通过参加国际会议和互访，了解国外非遗数字资源保护与安全的最新动态和成功案例。结合中国实际，对国外先进经验和技术进行吸收和转化，提高非遗数字资源安全保护的整体水平。

可积极开展国际合作项目，进一步加强非遗的保护与传承。比如，与联合国教科文组织、国际平面艺术联合会等国际组织合作，共同开展非遗数字资源的收集、整理和数字化工作。通过国际合作项目的实施，不仅能扩大中国在国际非遗保护领域的影响力和话语权，也能实现资源共享和利用。国际合作也有助于共同应对跨国界安全威胁和挑战，有助于全球范围内非遗数字资源的安全和发展。

第六节　数字资源建设与文创产业的融合发展

一、融合背景

（一）文化创意产业对非遗资源的渴求

文化创意产业作为一种以创意为核心的新兴产业，近年来在全球范围内蓬勃发展。文化创意产业依托丰富的文化资源，通过创意转化和市场化运作，生产出具有独特文化内涵和市场价值的产品和服务。非遗作为中华民族独特的文化资源，为文化创意产业提供了取之不尽的创意源泉。文化创意产业通过深入挖掘非遗文化的内涵和价值，将其融入产品设计、品牌建设、营销推广等各个方面，丰富了文化创意产品的文化内涵，增强了文化创意产品的市场竞争力。同时，文化创意产业的发展为非遗的传播提供了更广阔的平台和渠道，促进了非遗的传承和创新发展。

（二）融合发展的必然趋势和现实意义

数字资源建设与非遗文化创意产业的融合发展是文化创新和经济转型

的必然趋势。一方面，数字资源建设以生动、直观、便捷的方式将非遗呈现在公众面前，增强了非遗的吸引力和感染力，为非遗保护、传承提供了强有力的技术支持。另一方面，文化创意产业通过创意转化非遗资源和市场化运作，既实现了产品经济价值和社会价值的双重提升，又为自身发展注入了新的活力和动力。这种融合发展的模式，既有利于推动文化产业转型升级、高质量发展，又有利于国家文化软实力的增强，有利于我国国际影响力的提升。这种融合发展有许多实际案例可供参考，如某短视频平台中的一位非遗传承人使用数字技术记录并展示中国古墨制作的传统手工艺，既将中国传统古墨手工艺的精髓保留下来，又通过现代设计将非遗元素融入其中，创作出具有独特文化魅力和时尚感的文化创意产品。文化创意产品在满足人们对美好生活的追求和向往的同时，向人们展示了结合非遗数字资源建设和文化创意产业发展的可行性及广阔前景。

二、融合基础

（一）非遗数字资源建设的迫切需求

保护和传承非遗，在数字技术迅猛发展的今天，迎来了新的机遇和挑战。非遗传承人老化、技艺流失、受众面萎缩等问题在非遗传承和发展过程中不断凸显。数字资源建设为保护和传承非遗提供了一条新路径。运用现代信息技术，可对非遗进行数字化采集、存储、加工、展示等。这不仅能实现非遗资源的永久保存，还能让非遗文化焕发出勃勃生机和活力，通过数字平台扩大非遗传播范围，吸引更多青少年关注、参与非遗保护和传承。

（二）技术进步的支撑作用

技术进步是促进非遗数字资源与文化创意产业融合发展的重要支撑。数字技术为非遗的保护、传承和传播提供了有力保障。一方面，数字技术使非遗得到全面的多角度记录。应用高清成像、3D扫描、虚拟现实等技术，使非遗得以永久保存和广泛传播。另一方面，数字技术也使非遗的展示方式多样化，为文化创意产业提供了丰富的创意素材和灵感来源。另外，现代设计技术的不断进步也为非遗文创产品的创新提供了技术支撑。综合来看，技术进步使非遗保护、传承和文化创意产业的融合不断取得新的进展。如应用新材料、新工艺，结合传统非遗元素，促进现代设计创新，创造既具有传统韵味又符合现代人审美需求的文化创意产品；运用大数据技术、人工智能等技术支持文创产业市场预测、精准营销等。

三、融合路径

（一）数字资源收集和组织：打下坚实的基础

非遗数字资源建设的第一步是对非遗项目基础数据资源进行全面、系统的收集和整理。这包括高清影像记录、录音记录、口述历史访谈、相关研究成果等多维信息。例如，通过高清摄像机拍摄传统手工艺品的制作过程，通过深度采访记录非遗传承人的技艺和生活故事。这些工作不仅保证了非遗的真实性和完整性，也为后续的数字资源开发和文创产品设计奠定了坚实的数据基础。通过引进专业团队进行高质量的数字化处理，建立全面、可共享的非遗数据库，实现非遗资源的立体化、场景化、可视化呈现，可为文化创意产业提供丰富的非遗文化资源。

（二）创意设计与改造：激发创新活力

非遗文化创意产业是把非遗元素融入现代产品和服务中，强调深入挖掘和提取非遗蕴含的文化内涵，并将其与现代设计理念有机结合起来，从而创造出具有独特文化魅力和市场竞争力的产品。在产品设计上，从非遗资源中提取出独特的图案、色彩等元素，并针对现代审美和市场需求进行重新设计或创新运用，在家居用品、服装配饰、文创产品等诸多领域都能将非遗元素融入其中，从而打造出具有鲜明文化特色的精品。在非遗文化传播方面，用数字化手段制作非遗的纪录片、短视频，打造非遗互动体验项目，在新媒体平台上对这些纪录片、短视频等进行传播，以扩大非遗的影响范围。另外，可利用 AR 或 VR，为人们打造身临其境的非遗体验场景，使人们在互动中感受非遗文化的魅力（图 3-2）。

图 3-2　应用 VR 技术

（三）产业融合发展：构建共赢生态

非遗数字资源建设与文化创意产业的融合发展，不是单方面的资源利用或产品创新，而是将两者深度融合，使两者在产业链、价值链上相互促进、协同发展。一方面，非遗为文化创意产业提供了丰富的文化资源和创意灵感，促进了文化创意产品的差异化竞争和品牌塑造。另一方面，文化创意产业的发展为非遗文创产品提供了广阔的市场空间和广泛的消费群体，使非遗得到传承和传播。构建一个非遗与文创产业共生共荣的生态系统，进行跨界合作、品牌联动，比如创办非遗工坊，让非遗传承人和文创企业合作，进行非遗产品的联合开发。非遗传承人可联合设计师，打造文化品牌，这种品牌市场潜力巨大。与此同时，通过政策引导、资金扶持、人才培养等措施，促进非遗数字资源建设与文化创意产业深度融合、协调发展，政府、行业协会、研究机构等也要积极发挥作用。

（四）市场拓展和文化传播：实现社会价值和经济效益的双重收获

实现社会价值和经济效益的双丰收，才是非遗数字资源与文化创意产业融合发展的终极目标。在市场拓展方面，非遗文创产品在线上销售和品牌推广方面，充分利用电商平台、新媒体平台等渠道优势进行推广。非遗文创产品的市场覆盖面和消费群体通过精准营销、直播销售等方式扩大。积极参加国内外的展览、文化交流活动等，也能提升非遗文创产品的知名度和美誉度。在文化传播方面，广泛传播和共享非遗数字资源，能够让更多的人认识非遗、了解非遗、喜爱非遗。通过举办非遗节庆活动，营造浓厚的非遗氛围，增强市民对非遗的认同感，把非遗融入校园、融入社区。通过国际交流、合作，推动中外文化交流，把非遗推向世界舞台。

第四章　非遗文化数字展示与传播

第一节　创新的非遗数字展示策略与方法

一、交互式数字展示

（一）AR/VR 技术的应用

AR 与 VR 技术的结合应用为非遗的数字化展示提供了新的可能，使观众在真实环境中直接接触非遗的精髓（图4-1）。如在博物馆或文化遗址中，观众可以用智能手机或平板电脑等智能设备扫描特定的图像或标记，然后立即"身临其境"，到非遗的世界中去。

图 4-1　AR/VR 技术的应用

以中国传统戏曲为例，AR 技术使观众在欣赏传统戏曲表演的同时，能看到舞台上飘浮在空中的虚拟服装和道具，甚至能近距离观察演员面部表情的微妙变化，从而感受到中国戏曲艺术的独特魅力。VR 技术在此基础上更进一步，为观众创造了完全沉浸式的虚拟环境，使观众能够身临其境地感受非遗作品的制作过程。戴上 VR 头盔后，观众仿佛置身于一个古老的村落，能够亲身参与陶瓷制作，感受刺绣针的穿梭，甚至看到古建筑的建造和装饰过程，看到的每一个细节、每一个瞬间都栩栩如生。

（二）交互体验设计

让参与者从单纯的接受者转变为非遗传播的主动参与者。通过引入角色扮演这一创新的交互设计手法，在 VR 技术的赋能下，观众能够自主选择学习剪纸艺术的图案设计精髓，并亲身实践古法编织等传统技艺，因此成为非遗技艺的积极传播者与传承人，参与并分享非遗作品制作的过程。这种身临其境的体验，不仅使观众更加深入地了解非遗作品的制作过程，还能激发观众的学习兴趣与传承意识。此外，交互体验设计还强调情感共鸣。通过讲述非遗背后的故事，展现非遗传承人的日常生活与执着，让观众在情感上与非遗文化产生共鸣。比如，在 VR 纪录片中，观众可以跟随传承人的脚步走进他们的生活，了解他们为传承非物质文化遗产所付出的努力和牺牲，从而更加珍重这份文化遗产。在互动体验设计的过程中，积极鼓励受众进行信息分享与传播。观众结束体验后，可以将自己的感受与体会，通过社交媒体等平台进行广泛传播，吸引更多人的目光聚焦非遗，实现良性循环传播效应。

二、多媒体融合展示

（一）数字动画与视频

数字动画与视频凭借其直观且生动的特质，为非遗的展示搭建了一个宏大的舞台。它们让观众能够身临其境地感受到非遗产品的精湛制作技艺，深刻体会到非遗悠久的历史传承与丰富的文化内涵。例如，通过高清摄影、3D建模和动态捕捉等先进技术的运用，对从采土、炼泥、铸造、上釉到烧制的彩陶制作流程进行生动再现，通过慢镜头、特写镜头等，对每一个制作环节进行细致入微的刻画。视频还能将非遗传承人日常工作和生活记录下来，以采访、纪录片等多种形式进行展现，使观众对非遗背后的故事以及传承人的情感之旅有更深入的认识和了解。数字动画为保护、传承好非遗提供了有力的保障。数字动画以动态解说方式展示非遗，在增强展示的趣味性和吸引力的同时，使观众在视觉和听觉上都得到满足，从而对非遗有更深刻的认识。部分非遗机构巧妙地将数字动画与视频应用于展示项目中，将非遗的魅力展现在观众面前，极大地提升了观众的沉浸式体验。部分非遗项目将虚拟现实技术结合数字动画与视频，增强观众的身临其境感。观众可使用VR设备"亲临"非遗产品的制作现场，与非遗传承人展开互动、对话，并有机会亲自参与制作流程。这种沉浸式体验，不仅极大地提升了观众的参与度和满意度，也有助于非遗的传承与发扬。

（二）音频

音频是多媒体展示中不可缺少的元素，在营造非遗的情感氛围、增强观众的沉浸感上起着重要的作用。经过精心挑选和编排的音频，能带领观众进入特定的情感状态，加深对非遗的认识与感悟。在非遗数字化展示中，音频元素一般有传统乐器演奏、人类的歌唱或自然环境的声音等，能还原非遗技艺的原始风貌，还能激发观众对传统文化的共鸣与认同感。在非遗数字化展示中运用音频元素，还能给观众带来身临其境的感受。

从音乐的角度出发，讲究音乐与所要表现的非遗内容的契合性以及情感表达的准确性。在表现非遗产品制作过程的时候，选择节奏明快且旋律优美的音乐，以突出非遗传承人的精湛技艺和对非遗产品制作的专注；在讲述非遗背后的历史故事的时候，用悠扬、深情的音乐来营造一种怀旧的气氛，以引导观众深入思考。此外，可利用音频的环绕声和立体声，增强听众的立体感和层次感，从而使听众在听觉上得到更丰富的体验，这也是人们在音乐上的一种追求。

三、个性化定制展示

（一）大数据分析

大数据分析在非遗个性化定制展示中起着至关重要的作用。通过对海量用户数据的收集和分析，准确把握用户的兴趣、行为模式和文化需求。例如，非遗多维数据分析和智能推荐系统可以实时处理来自不同渠道的数据，如数字平台上的用户浏览记录、交互行为、搜索关键词等，构建用户兴趣模型。这些数据不仅有助于了解用户的即时需求，还可以预测用户潜在的文化消费趋势。基于此分析，系统可以为用户定制非遗展示内容，保证每个用户都能获得与自己兴趣高度匹配的信息和体验。

（二）智能推荐系统

实现个性化定制展示的关键是智能推荐系统。该系统利用大数据分析结果，结合复杂的算法模型，自动推荐符合用户兴趣的非遗项目、展览或活动。智能推荐系统可根据用户的兴趣模型，在非遗数字展示平台上对展示界面和内容进行动态调整，保证用户在浏览过程中始终保持兴趣。比如，该系统可以推荐相关数码录音、视频、3D 展示模型、在线互动体验项目等，供对传统手工艺感兴趣的观众参考；喜欢民俗文化的用户，可以进行直播或 VR 体验，如民俗节庆、非遗演出。智能推荐系统还能对推荐策略进行实时优化，根据用户的反馈意见，确保推荐精准、有效。这种个性化定制展示方式，不仅增强了观众的参与感，也对非遗的传播和传承起到了有效的推动作用。

四、跨平台展示与传播

（一）社交媒体分享

目前流行的社交媒体为非遗项目的迅速传播提供了强有力的支持。以微博、微信等社交平台为例，庞大的用户群体、活跃的社区氛围为非遗项目的展示与传播提供了便利。非遗项目可以在社交媒体平台、短视频平台上发布一些精美的图片、视频以及图文故事等，吸引用户的注意力并获得转发。比如，有非遗传承人在短视频平台上以短视频形式来展示非遗技艺，并配以生动的讲解与背景音乐，吸引大量用户的眼球与好评，实现了非遗的快速传播。另外，社交媒体上的互动功能也促进了非遗的深度传播，用户可在评论区留言，提出问题，与非遗传承人或其他用户进行互动，对非遗的认识得到进一步提升。

（二）移动应用和小程序

手机是一种数字媒体传播平台。应用手机 APP 和小程序进行非遗的展示和传播，能为用户提供更为便捷和个性化的体验。非遗机构可以结合非遗数字展示、互动体验、在线学习等功能，开发专门的手机 APP 或小程序，为用户提供一站式服务。例如，一些非遗数字博物馆 APP 将非遗展品以数字化的形式，通过高清图像、3D 建模、VR 展示等呈现在用户面前，让用户在手机上随时随地浏览、欣赏非遗。此类 APP、小程序还为用户提供了在线答疑、DIY 创建等丰富的互动功能，让用户对非遗产品制作的参与和体验更加深入。小程序凭借其轻便、快捷的特点，成为非遗传播的一个重要渠道。用户可以轻松找到与非遗相关的小程序，在微信、支付宝等平台上也可以获取最新的非遗信息。这种跨平台的展示和传播方式，为非遗传承、发展注入了新的活力，不仅提升了非遗的传播效率，也增强了用户的参与感和体验感。

五、创新营销策略

（一）线上线下联动

线上线下联动营销策略，为非遗的广泛传播提供了一条有效途径。通过搭建和运营网络数字展示平台，能够让非遗以更直观、更鲜活的方式与全球受众接触。Web 平台通过社交媒体、在线直播、短视频等多种形式，为用户提供高清影像、3D 模型、VR 体验等丰富的数字展示内容。同时，线下活动，如非遗展示、文化节、传承人讲学，成为线上内容的延伸和补充，让非遗跨越地域界限，实现更广泛的传播和共享。线上线下联动的模式打破了传统非遗传播的时空局限。如陕西省在"文化和自然遗产日"举办的"非遗购物节"，通过线上销售和线下展示的方式，提高了非遗产品的市场认知度和销售额，这是一次成功的线上展示和线下体验的营销。

（二）促进跨界合作

跨界合作的推出也为非遗的传播开辟了一条新渠道。非遗机构可与不同领域的品牌企业、媒体等进行跨界合作，开发出新颖的非遗文创产品以及虚拟现实的服务，如与时尚设计、科技创新、旅游开发等领域合作，推出联合产品、主题展览、互动体验等项目。通过跨界合作，非遗文化得以与不同领域进行有机结合，以更多元化的形式进行传承与推广。跨界合作还能促进非遗的产业化发展，为非遗传承人创造更多的经济收益，提供更大的创作动力，使非遗在现代社会焕发新的生机与活力。跨界合作还能为非遗项目提供更多的展示与交流机会。

第二节　虚拟现实、增强现实等前沿技术在非遗展示中的应用

一、虚拟现实技术的应用

（一）沉浸式体验

运用 VR 技术创设高度逼真的虚拟环境，使用户能够身临其境地感受非遗的魅力，从而打破时间、空间的限制，极大地增强用户的参与性，提高用户的感知度。用户可佩戴 VR 头盔，瞬间穿越至非遗技艺的发源地或历史场景，进行面对面的沟通与交流。比如，运用 VR 技术再现秦淮元宵节，进行秦淮灯会的模拟，让虚拟世界成为体验秦淮灯会的可行之地。用户可在虚拟空间中漫步在古色古香的场景中，近距离观赏各类花灯，亲身感受节日的喜庆气氛。另外，可以运用 VR 技术模拟非遗产品的制作过程。对海南黎族泥片制陶技艺进行 VR 模拟，是一种非常有益的尝试。用户可利用 VR 技术在虚拟世界中亲自操纵黏土，体验从选土、制作土坯到上釉、烧制的整个过程。这种亲身制作的体验能够让用户对非遗有更深入的了解。

（二）全景显示

VR 技术的全景式展现功能，让展现非遗的方式变得更为周全、缜密。VR 技术将非遗的各个方面、各个细节，通过 360 度无盲点的拍摄记录，完整地呈现在用户面前。这种全景展示不仅能让用户对非遗各个方面进行自由探索，还能通过缩放、旋转等操作对非遗的每个细节进行细致的观察。比如，用户可以通过 VR 设备进入陶瓷制作的虚拟场景中，从各个角度观察陶瓷制作的工具、原料等，甚至可以将虚拟的瓷器、工具"捡"起来，在瓷器烧制过程的 VR 展示中进行互动。此外, VR 全景显示还能结合智能导航系统，帮助用户更好地理解非遗的内涵与价值，为用户提供详尽的讲解与指引。

（三）互动式参与

VR 技术的互动式参与功能是非遗数字化展示的一大亮点。VR 技术通过设计丰富的互动环节和任务，激发用户的参与热情，增强用户对非遗的兴趣和认同感。在非遗的 VR 展示中，用户不再是被动的接受者，而是积极的参与者。例如，在秦淮元宵节的 VR 展示中，用户可以参与制作灯笼的互动游戏，通过完成一系列的任务和挑战，创作自己的灯笼作品。这种互动式参与，不仅让用户体会到非遗的魅力，也促进了非遗文化的传承和推广。此外，VR 技术还可以结合社交功能，让用户与世界各地的非遗爱好者交流，共同推动非遗的传播和发展。

二、增强现实技术的应用

（一）虚实结合

增强现实（AR）技术将虚拟信息叠加到现实世界中，通过虚实结合的展示方式，将非遗文化呈现在观众的眼前，既保留了现实世界的真实感，又通过加入虚拟元素，使非遗文化在生动、直观的形式上得到进一步呈现。例如，在博物馆或文化遗产地将古代建筑虚拟模型叠加到现实场景中。又如，隋唐洛阳城国家遗址公园明堂天堂景区利用 AR 技术展示唐朝建筑模型，游客可通过手机或 AR 眼镜等，在遗址现场看到虚拟重建的唐朝建筑，对唐朝建筑技术和卓越成就有进一步的了解与感受。AR 技术用虚实结合的方式丰富游客的参观体验，既加深了游客对非遗文化的理解，又增强了游客的参观感受。

（二）实时互动

AR 技术实时互动的特点，让非遗文化的展示不再局限于静态的展示和诠释，而变成动态的、可互动的体验过程。观众可以使用 AR 设备与虚拟的非遗元素实时互动，对非遗文化的内涵与价值有更深入的了解。例如，在非遗技艺的展示中，AR技术可以模拟非遗技艺，观众可以通过手势控制或语音指令参与非遗产品的制作，亲身感受非遗技艺的精髓。AR技术还能在互动游戏中融入非遗文化知识，结合游戏化设计，让观众在娱乐中学习非遗文化、传播非遗文化。例如，一款基于AR技术的非遗文化互动游戏，在提高观众参与度和兴趣的同时，通过实时互动的方式提升了非遗文化的传播效果，玩家需要通过解谜、拼图等方式了解非遗技艺的历史、非遗产品的制作流程等相关知识。

（三）个性化体验

增强现实技术的个性化体验特点，使非遗展示可根据受众的不同需求和兴趣进行个性化定制。通过收集和分析受众的行为数据，增强现实系统对非遗展示内容和方式进行智能调整，使受众得到更个性化的服务，以满足其兴趣和需求。增强现实技术在具体运用中，如在非遗旅游项目中，可根据游客的喜好和兴趣对相关的非遗活动进行推荐，并借助增强现实导航系统为游客提供个性化导航服务。另外，增强现实技术还可与社交媒体相结合，形成口碑效应，对非遗的多元化传播起到促进作用。在增强现实技术的运用上，需要从受众需求出发，在满足受众个性化体验的基础上，注重实现非遗的核心价值。例如，某非遗景区运用AR技术打造了一系列互动体验项目。游客在参与体验项目过程中，可以在社交媒体上拍摄并分享AR照片和视频。该景区由此吸引了大量网民的关注和讨论，有效提升了景区的知名度和影响力。

第三节　社交媒体与网络平台在非遗传播中的应用策略分析

一、网络平台的应用策略分析

（一）数字显示和在线体验

利用先进数字技术，某网络平台将丰富的非遗内容以数字形式呈现出来，为公众提供方便且身临其境的网上体验。该网络平台运用高清视频、3D建模、VR/AR技术等，对非遗产品的制作过程以及非遗表演场景进行生动再现，例如，对陶瓷制作以及剪纸等传统手工艺进行高清视频的详细展示，使观众对每一步的制作过程进行深入的了解；同时，运用VR/AR技术，使观众能够对非遗作品进行近距离的观察并身临其境地感受其特有的文化魅力，对非遗项目有全面的认识。在数字技术的帮助下，该网络平台为公众提供了全面、深入的非遗体验。非遗数字展示方式突破了时间和空间的限制，使观众的参与感得到了很大的提升，也增加了观众的兴趣。

目前，许多网络平台非常注重内容的创造性和趣味性，将非遗与现代流行元素相结合，以短视频、直播的形式，把传统的非遗项目与时下流行的元素结合在一起，引起更多年轻人的兴趣。例如，某短视频平台的一些非遗大V（身份获认证的微博意见领袖）和一些创作非遗内容的博主，把传统非遗项目用富有创造性的剪辑方式及趣味化的解说呈现出来，在广大受众中收获较高的点击量和关注度。这些网络平台既丰富了非遗内容的传播形式，又通过各种方式促进了非遗传承与发展。

（二）协作与推广

网络平台以多种合作方式为非遗的传播与推广提供有力支持。网络平台与政府部门合作，支持非遗文化的数字化展示与传播。政府部门为非遗传承人提供专业指导和内容创作，企业负责市场运作与推广，从而发挥各自的优势，利用各自的资源，形成良好的协同效应。比如，有地方政府与网络平台合作，共同创建非遗数字博物馆，以开展网上展览与互动体验等形式，使更多的人了解非遗特有的魅力，这样的合作模式为进一步传承、发展非遗提供了有力的支持。

目前，很多网络平台积极地与国外的平台进行合作，推进非遗的国际传播。海外短视频平台上的中国非遗内容受到了很多国外用户的关注与喜爱。这些平台利用算法推荐与跨文化传播策略，向全球受众传播非遗，为增强中国文化的国际影响力做出了一定的贡献。

（三）教育、培训

网络平台还通过教育、培训为非遗的传承和发展提供人才支持。网络平台为帮助公众对非遗文化有深入的认识，开设非遗在线课程，邀请非遗传承人、专家、学者担任讲师。这些课程除了传授非遗技能外，还着重介绍非遗文化历史渊源及文化内涵等方面的知识，使公众对非遗文化有全面的了解。

为促进非遗的传承与发展，某网络平台通过举办网上研讨会和工作坊等，为非遗传承人提供交流、学习的机会，使他们既能分享经验，获得理论支撑，又能将非遗文化推广出去。该网络平台还积极与有关高校及研究机构合作，共同开展非遗研究与保护工作，以提供理论支持和实践指导，以利于非遗传承与发展。

二、社交媒体与网络平台综合应用策略分析

（一）构建多元化传播矩阵

构建多元化传播矩阵，成为非遗传播面对多元化受众群体、多元化信息接受习惯的必然选择。社交媒体与网络平台整合各自的优势资源，以实现对非遗的全面覆盖，构建跨平台、跨媒体的传播网络。一方面，用户基数大、社交属性强的社交媒体平台，已经成为非遗传播的重要窗口。社交媒体平台

通过发布各种形式的内容，如图片、视频、直播，快速吸引用户眼球，激发用户兴趣，实现话题讨论和口碑传播。另一方面，通过非遗传播渠道分销官方网站、数码馆、在线课程平台等网络平台。建立线上线下相结合的传播矩阵，能使非遗得到更广泛的传播并接触更多的受众。

构建多元化传播矩阵时，各平台如何协作与互补是需要注意的一点。以目前比较流行的社交媒体平台为例，在吸引用户眼球的各种形式中可以加入视频或直播的形式；同时，为了加深用户对非遗的了解，提供一些专业的知识讲解与互动体验功能，以增强用户的参与感和沉浸感，进而达到既提高非遗传播的实效性又丰富用户文化体验的目的，从而在传承非遗方面起到积极而有效的作用。

（二）重视用户体验和反馈

用户体验与反馈对非遗的传播是必不可少的一环，因此社交媒体与网络平台不断对用户体验进行改进，收集用户反馈信息，并据此调整传播策略，保证非遗得到准确、有效的传播。在内容创作上，为了增强内容的趣味性和实用性，以用户喜闻乐见的形式将非遗内容呈现出来，提高用户对内容的观看兴趣和互动性，从而加深用户对非遗的认知与了解。例如，在制作精美的短视频、动画、图片等内容时，对非遗的精髓进行生动、有趣的呈现；同时，根据用户的具体需求和兴趣，推出与之相关的互动体验、知识问答等活动，以增强用户的参与感和获得感。

围绕平台功能，重点突出平台的便捷性和流畅度，对界面设计进行改进，使加载速度变快；增加个性化推荐，使用户体验得到更好的满足；健全反馈机制，收集各种用户意见和建议，根据用户反馈不断改进和升级平台；以用户满意度为中心进行传播理念的倡导与执行，提高用户对平台的黏着度与忠诚度。以用户为中心的思路不仅使平台得到了较好的用户体验和口碑，也通过反馈机制的建立与不断完善，在用户中形成了一种强烈的品牌意识，提高了用户的忠诚度。在非遗传承中，以用户为中心的做法在一定程度上起到了促进作用。

（三）加强品牌建设和知识产权保护

品牌建设与知识产权保护对非遗的传播具有重要保障作用。社交媒体与网络平台通过加强这两个方面的工作，使非遗的品牌与价值得到进一步提升。在品牌建设上，注重打造独特而鲜明的品牌形象与识别系统是重点所在，通过以设计精美的标识、标语、视觉形象等元素为基础，对非遗的品牌形象与品牌识别系统进行塑造；同时，在品牌推广与宣传方面加大力度，提升品牌知名度与美誉度，以增强非遗的社会影响力与市场竞争力为最终目的。

围绕知识产权的保护问题，重点抓好两个方面的工作：一是抓版权的保护，建立比较严密的体制机制；二是抓非遗的保护工作，加大相关方面的登记和保护力度，也要加强有关机构和部门之间的协作与沟通，共同打击侵权盗版现象，对非遗的保护工作给予一定的重视。这些措施的实施有利于激发非遗传承人的创作热情和创新活力，使非遗得到较好的传承与发展。

第四节　线上、线下融合的非遗展示与传播模式探索

一、线上展示与传播

（一）数字展示

可以利用先进的技术，以数字形式进行非遗展示。一是将非遗的各种资料以图文并茂的形式进行展示。二是以多媒体的方式将非遗的文化内涵传达出来。三是利用虚拟现实技术对非遗进行情景再现。

（1）高清视频和 VR/AR 技术：通过高清视频记录非遗产品的制作过程。观众可以直观地感受到非遗文化的独特魅力。VR/AR 技术的应用为观众提供了一种身临其境的体验，使他们仿佛沉浸在非遗的世界中。例如，利用 VR 技术创建的虚拟博物馆可以让观众 360 度无盲点地欣赏非遗作品，感受其细节之美。

（2）3D 建模和数字孪生：对于非遗中的手工艺品等实物，3D 建模技术可以精确还原其外观和内部结构，让观众从不同的角度观察和学习。数字孪生技术进一步实现了非遗在虚拟空间的复制，为非遗的保护、传承和创新提供了更多可能。

（3）互动体验设计：为了增强观众的参与感和互动性，线上展示平台还设计了一系列互动体验环节。比如，通过小游戏、在线答题等形式，让观众在娱乐中了解非物质文化遗产；或者可以利用增强现实技术，让观众在真实环境中与虚拟的非物质文化遗产元素进行互动。

（二）网络平台传播

网络平台通过其强大的传播力和影响力向更广泛的受众传播非遗，是非遗传播的重要载体。具体而言，网络平台的传播策略有以下几个方面的内容：

（1）社交媒体和短视频平台：非遗文化相关内容通过社交媒体及短视频平台进行发布，吸引用户的眼球与分享。这些为非遗传播提供广阔舞台的平台，拥有庞大的用户群和高度活跃的用户群。

（2）专业网站和数字博物馆：建立以展示非遗的历史渊源、发展动态、代表性作品等为重点的非遗专业网站和数字博物馆。这些平台在提供丰富的非遗资源库的同时，通过网上展览、虚拟参观等多种形式，使用户便捷地获取非遗知识。

（3）跨境电商、文化电商平台：借助跨境电商、文化电商平台，将非遗产品推向国际市场，实现非遗全球传播。这些平台不仅为非遗产品的展示和销售提供了空间，通过跨境物流、支付结算等服务，降低了非遗产品走向世界的门槛。

（三）在线教育、培训

（1）开展在线教育、培训，传播非遗技能与知识。运用数字化手段，创新非遗传承模式。以培养新的非遗传承人为目标，以点带面，不断扩大非遗的影响范围。一是以传统的授课方式为基础，引入网上授课平台；二是针对不同人群，开设多种以非遗为主的培训课程；三是注重理论与实践相结合，在传承中不断对非遗进行创新运用与开发。

　　网络课程和教学资源：对非遗进行网络课程和教学资源的开发与建设。以视频授课的形式进行教学。授课内容涵盖非遗技能。在授课方式上，以网上直播的形式进行教学互动与解答。在授课形式上进行多方位的探索与尝试，提高学习者的非遗技能。

　　（2）虚拟实验室和实训平台：运用虚拟现实与增强现实技术创建虚拟实验室与实训平台，为学习者提供身临其境的模拟操作和实践锻炼的机会，如模拟非遗产品的制作过程，并让学习者在虚拟环境中进行练习与尝试；或运用增强现实技术将非遗元素与现实世界场景相结合，让学习者进行交互式学习，以加深学习者的理解和记忆。

　　（3）把非遗传承人引入在线平台，进行一对一的指导，与学习者交流、互动；同时，在建立非遗学习社区的基础上，促使学习者相互交流、分享经验，形成互动效应。这样的在线指导和社区互动，既能促进非遗的传承与发展，又能加强学习者对非遗的认知。在非遗传承中，这种现代信息技术的运用，在丰富非遗学习内容的同时，为学习者提供了更为广阔的学习与交流平台。

二、线下展示与传播

（一）实物展览

　　实物展览是非遗线下展示直接、有效的方式。博物馆、文化馆、各类非遗主题展览，通过精心策划的展览布局和展品，为参观者提供直观体验非遗魅力的空间。例如，近年来故宫博物院举办的"故宫非物质文化遗产"系列展览，展示了刺绣、景泰蓝、玉雕等传统手工艺的精湛技艺，并且还原了历史场景，设置了互动体验区，让观众仿佛穿越时空，体验古代宫廷生活的点点滴滴。这种实物展示模式不仅增强了观众的参与感和沉浸感，也大大增强了非遗的传播效果。又如，济南的"非物质文化遗产日"主题活动，不仅丰富了市民的文化生活，还通过展示济南皮影戏、泥塑兔王等地方特色非遗项目，促进了当地文化的传承和发展。

（二）文化体验活动

文化体验活动是帮助人们加深对非遗的认识的重要途径，通过组织各种形式的文化体验活动，使参与者对非遗有更深刻的体会和认识。以浙江省"非物质文化遗产走进校园"活动为例，邀请当地非遗传承人在课堂教学中给学生讲授有关传统手工艺的非遗知识，并设置互动体验区，使学生在实践中加深对非遗的了解，使广大学生更好地认识传统文化的魅力。一些非遗基地设置了互动体验区，如陶艺区或刺绣区，让游客在专业人士的辅导下，亲身尝试制作非遗产品，了解并感受非遗的精湛、独特技艺。这些文化体验活动既激发了公众对非遗的兴趣，又促进了非遗的传承与普及，对于保护和弘扬非遗文化起到了积极的作用，也为游客提供了丰富的文化体验。

（三）文化交流与推广

文化交流和弘扬是非遗线下展示和传播的一个重要方面。搭建非遗传承人、专家、学者与社会公众沟通、交流的平台，举办非遗论坛、非遗节会、非遗市场等形式多样的文化交流活动，促进非遗共享与传播。比如，每年在各地举办的文化和自然遗产日主题活动，是一项融合非遗展示、交流、推广的综合性活动。活动期间，有丰富的非遗项目展示和体验活动，非遗传承人之间的技术交流、专家和学者的学术研讨、非遗产品的市场推广等也成为活动的一大亮点。这些活动不仅为非遗传承人提供了展示技艺的舞台，也为广大市民提供了了解非遗文化、学习非遗文化的机会。这些活动还通过媒体宣传、网络直播等方式，进一步扩大非遗的影响，吸引了更多人的关注和参与。一些地方还积极搭建文化交流平台，通过整合地方非遗资源，推动非遗保护与传承，打造具有地方特色的文化品牌。

三、线上、线下融合的策略

（一）内容互补

内容互补策略是，线上通过数字手段将非遗的精髓展示出来，线下为人们提供身临其境的体验，线上和线下相互补充，共同丰富了非遗的文化内涵。利用虚拟现实和增强现实等先进技术，能够创建高度还原的非遗场景，使观众在线下也能得到身临其境的体验。例如，珠海高新区推出的"唐家湾记忆非遗长卷"，以手绘画卷为基础，结合2D动画技术，在VR和音视频的帮助下进行展示，打破了传统展览的时空限制，将唐家湾多个非遗项目生动形象地展示出来。该展览的推出，不仅丰富了人们对非遗的认识，还为广泛传播非遗提供了良好的途径。

（二）渠道互通

渠道互通是非遗线上线下整合的重要策略之一，旨在通过多元化传播渠道的建设，实现非遗的广泛传播。线上利用社交媒体平台、短视频平台、非遗特色网站，构建非遗传播矩阵。这些平台具有用户基数大、传播速度快、互动性强的特点，可以将非遗快速传播给广泛的受众。比如，第四届非遗品牌大会，通过短视频平台，同步直播活动，结合"线上引流、线下互动、大众关注"的方式，让更多人看到非遗的新面貌。线下通过非遗进入校园、社区、主题展览等形式，将非遗带入公众视野，形成线上线下协同传播效果。同时，利用文化与旅游的融合，将非遗与旅游线路相结合，打造非遗旅游体验项目，拓宽非遗的传播路径。

（三）品牌建设

品牌创建已经发展到高级阶段，即线上线下模式相融合，创建独具特色的非遗品牌，促进非遗文化产业的发展。在线上，运用数字化手段对非遗进行品牌包装和推广，打造具有较强市场竞争力的非遗品牌。比如，将非遗元素融入现代设计，开发实用又有美学价值的非遗文化创意产品，然后在电商平台上销售；同时利用社交媒体和短视频平台进行品牌宣传、推广，在提高品牌知名度和美誉度的同时，吸引更多消费者的关注和购买。在线下，以非遗品牌展示馆为主，将非遗品牌特有的魅力展现出来，以吸引更多的消费者前来体验、购买。除了这些之外，与非遗传承人建立合作伙伴关系，并与设计师企业合作，共同创建非遗品牌矩阵，打造完整的产业链。

在品牌化运营下，既能将非遗转化为经济价值，又能使非遗得到可持续传承与发展的推动力。通过这种方式，既能丰富人们的文化生活，又能保护和传承好非遗。

第五节　跨文化、跨领域的非遗传播案例研究

一、安徽阜阳剪纸的全球化展示与文化传播

（一）数字化保护与传承

安徽阜阳剪纸作为一种国家级非物质文化遗产，在经济全球化的大背景之下，面临前所未有的挑战与机遇。数字技术的迅猛发展为阜阳剪纸的保护与传承提供了有力的支撑。利用高清扫描、3D建模、虚拟现实、增强现实等多种方式将传统的剪纸作品转化为数字形式并准确记录与永久保存。比如，阜阳博物馆用数字技术扫描清代经典作品《兰桥会》《牧笛》《祭塔》等并建立数字展厅，以方便全球观众在线欣赏这些珍贵的文物，对阜阳剪纸的保护与传承起到了积极的作用。此外，阜阳的剪纸艺术家利用 VR 技术，将体验者带入剪纸艺术的创作过程，使其亲身感受剪纸艺术的独特魅力。通过数字化保护和传承方式，不仅使实物得到了很好的保存，也大大拓宽了剪纸艺术的传播渠道，为阜阳剪纸艺术的全球展示打下了坚实的基础。

（二）多语言表达和沟通

为促进阜阳剪纸艺术的全球传播，多语言展示与交流已经成为一条重要的途径。阜阳剪纸业主动与国际文化机构协作，将剪纸作品翻译成多种语言，并通过互联网和社交媒体平台向全球推广。例如，在亚太地区非遗保护与数字传播论坛上，阜阳剪纸因其独特的艺术魅力吸引了众多国际友人的目光。在论坛期间，剪纸艺术家通过多语言讲解和现场展示向与会嘉宾展示了剪纸艺术的创作过程和价值，从而加深了国际社会对剪纸艺术的认识，使剪纸艺术在国际社会得到广泛的传播与认同。剪纸业还通过与国际知名设计师和艺术家的合作，将剪纸元素融入现代设计中，创造出具有浓郁中国风的文化产品，如剪纸风格的家居饰品及服装配饰，这些产品在国际市场上大受欢迎。多语种的展览、交流活动，既提高了剪纸在国际上的知名度，又促进了中西方文化的交流，为剪纸在全球的传播注入了新的活力。中国风的文化产品受到国际关注。

（三）国际交流与合作

国际交流与合作，成为阜阳剪纸艺术在经济全球化背景下发展壮大的重要推手。剪纸界积极寻求与国际文化机构、艺术院校、民间团体合作的机会，推动剪纸艺术的国际化进程。如举办国际剪纸艺术节、文化博览会等，邀请阜阳剪纸艺人参加，与各国剪纸艺人切磋技艺，共商创作。剪纸艺术家通过这些活动，既展现了艺术才华和创作成果，又学习了国际剪纸技艺和创作理念，这有利于剪纸的创新发展。同时，进一步扩大剪纸的国际市场，通过跨境电商平台将剪纸作品销往全球。这些国际性的交流、合作活动，既提升了中国剪纸艺术国际影响力，也为中国剪纸艺术开拓了更为广阔的全球展示空间和文化传播空间，推动了中国剪纸艺术的繁荣与发展。

二、京剧艺术的数字化展示与海外推广

(一)高清记录和数字通信

京剧艺术数字化展示,在非遗数字化展示与传播的大背景下,已经成为全球受众沟通、交流的重要桥梁。近年来,高清录音技术和数字传播平台的发展日新月异,京剧艺术以更加细腻、生动的形式呈现在全球观众面前。比如,有团队用 5G、3D、VR 等技术,拍出了《穆桂英挂帅》这部世界首部5G、8K、3D、VR 的京剧电影,不仅实现了高清的京剧表演记录,也让观众通过虚拟现实亲身感受到了京剧的韵味。又如,以国家虚拟现实创新中心(青岛)等权威机构为依托,将京剧艺术以数字形式推广到全球,使海外观众轻松欣赏和了解京剧艺术的精髓,以高清录制和数字化传播为手段,在保留京剧原汁原味的基础上,打破了地域和时间的限制,使京剧艺术得以在全球范围内广泛传播。

(二)多平台推广互动

多平台推广互动成为扩大京剧艺术在海外影响力的重点策略。京剧艺人积极利用网络、社交媒体平台发布京剧演出高清视频、幕后花絮,受到各地戏迷的关注。通过这些平台,京剧艺术家在展示艺术才华的同时,能就京剧艺术的魅力和文化内涵与海外观众进行实时互动。另外,部分京剧团体还通过网络直播的方式,实时提供给海外观众观看感受。如中国京剧院等知名团体通过网络平台,开展网络演出活动,向全球观众现场直播京剧演出,使观众足不出户就能欣赏到京剧的精彩演出。这种多平台的推广互动方式,在丰富京剧艺术传播渠道的同时,让海外观众更加了解京剧艺术,提高了他们的兴趣。

(三)海外演出和文化交流

海外演出和交流是促进京剧艺术国际传播的重要途径之一。通过参加国际艺术节以及各种文化交流活动的方式向海外观众介绍京剧艺术,以增进中

外文化交流。

特别是随着"一带一路"倡议的推进，各国的京剧演出交流活动日益增多。京剧艺术家以精湛的技艺和真诚的表演向海外观众展示了中国传统文化的独特魅力与精华。京剧艺术家也与当地艺术家通力合作，共同创作有地方特色的京剧作品，以促进京剧艺术的创新与发展。另外，一些京剧团体针对海外观众举办京剧工作坊、讲座等来普及京剧知识，激发观众的兴趣与热爱。为增进各国人民之间的相互了解和交流而开展的海外演出和文化交流活动，既提高了京剧艺术的国际知名度，又通过不同文化的交流，在构建人类命运共同体的过程中发挥了重要作用，使各国人民在相互学习的基础上加深了解，也为促进世界各国文化多样性的发展做出了贡献。

三、川剧变脸艺术的数字化展示与海外推广

（一）数字技术与川剧变脸的融合创新

数字技术为川剧变脸提供了更多的表现手段。在川剧变脸表演的记录中应用高清摄像技术和 3D 扫描技术，确保每一处细微的表情变化都能被精准捕捉，呈现出高清晰度。观众可以随时随地通过网络平台欣赏这一传统艺术。虚拟现实和增强现实技术，将川剧变脸提升到新高度。观众可佩戴 VR 设备，犹如置身川剧舞台，与演员面对面，近距离感受神秘与震撼的变脸之旅。AR 技术能让观众在现实世界中叠加川剧变脸的虚拟效果，通过手机或平板电脑与传统艺术实现互动。数字技术与川剧变脸的融合创新，不仅丰富了川剧变脸的表现形式，也使川剧变脸这一跨越国界、走向全球的非物质文化遗产的传播渠道得到了极大拓展。

（二）川剧变脸艺术的多平台推广和全球受众互动参与

多平台推广策略被广泛运用，以进一步扩大川剧变脸艺术在海外的影响力。首先，在海外推广川剧变脸，社交媒体平台成为重要战场。川剧演员与团体定期在社交媒体平台上发布川剧变脸演出的影片、画面与幕后故事，吸

引大批海外粉丝的目光与赞赏。这些平台不仅为川剧变脸提供展示空间，还推动着川剧变脸与世界各地观众的互动与沟通。观众可以在评论区留言提问，了解川剧变脸背后的文化，直接与演员进行对话。其次，网络视频平台也成为川剧变脸海外传播的重要渠道。这些平台有多语种字幕和推荐算法，精准推送川剧变脸内容。此外，部分国际文化节通过现场直播、网络播放等方式，邀请川剧团体表演。这种多平台推广策略，在提高川剧变脸曝光度的同时，提升了全球观众对川剧艺术的认知与兴趣，可谓一举多得。

在川剧变脸艺术国际传播中，海外演出和文化交流是关键一环。近年来，走出国门到世界各地演出、交流的川剧团体越来越多。川剧变脸以其独特的艺术形式和深厚的文化内涵，在欧美、东南亚等地区的艺术文化节上，赢得了阵阵喝彩。演员通过精湛的技艺、生动的表演，传递出浓厚而独特的中华文化韵味。此外，川剧团体积极参与国际文化交流项目，与本土艺人共同探讨不同文化融合的川剧变脸的可能性。这种跨文化交流与合作，推动了川剧变脸艺术的创新发展，也使中外人民之间加深了友谊，加深了理解。川剧变脸艺术通过海外演出和文化交流，成为沟通不同文化、不同民族的桥梁和纽带，在国际上得到了广泛的认同和好评。

第六节　非遗文化品牌塑造与传播效果评估

一、品牌塑造策略

（一）定位与核心价值观念

确立清晰的定位和核心价值观念，是品牌塑造过程中必不可少的重要环节。以湘西土家织锦为例，在品牌建设过程中对消费市场做了深入的调研和消费分析后得出的品牌定位是将传统技艺与现代审美相结合，打造富有民族特色的高端文创品牌。在核心价值观念上，湘西土家织锦不仅突出产品的实用性与艺术性，还着重挖掘土家织锦深厚的文化内涵与历史底蕴，力求将土家族的文化精神传递出去，以满足消费者不同层次的审美需求。

（二）形象设计

形象设计是塑造非遗品牌的重要内容，在数字化展示、传播的时代背景下，为非遗品牌注入现代设计元素和技术，促进品牌的创新与发展。以苏绣为例，在形象设计方面，苏绣以传统的精湛工艺和图案元素为基础，又融入了现代审美的时尚元素，设计出一系列符合现代消费者喜好的刺绣产品，在品牌视觉识别系统的设计上，做到了品牌标识与品牌形象的一致性。此外，苏绣还运用 3D 建模和虚拟现实等数字技术，为消费者提供了身临其境的购物体验，增强了品牌形象的吸引力和感染力。创新形象设计使苏绣品牌在年轻人中得到了更多的关注和认可，为品牌塑造出了年轻、时尚的品牌形象。

（三）文化内涵挖掘

非遗品牌的塑造离不开对非遗文化内涵的深入挖掘和传播。在数字化展示、传播的背景下，要全面展示非遗品牌的文化内涵和历史底蕴，就需要运用多种渠道和方式。以景德镇陶瓷为例，在品牌建设过程中注重对陶瓷传统技艺和文化内涵的深入挖掘，通过制作纪录片、举办文化讲座、开展在线互动活动等，将品牌的独特魅力和深厚底蕴展示给消费者。品牌还将文化内涵融入产品设计和营销中，如推出有故事性和文化内涵的陶瓷系列产品、举办以陶瓷文化为主题的展览和活动等，以增强品牌的竞争力。景德镇陶瓷品牌通过这些方式，不仅成功地传递了自己的文化内涵和历史底蕴，还增强了消费者对品牌的认同感，同时利用新媒体平台积极与消费者进行互动、交流，进一步扩大了品牌的影响力和传播范围。另外，品牌在塑造自身品牌形象的过程中也下了很大的功夫，使自己的品牌形象具有深厚的文化内涵和独特魅力，得到国内外消费者的普遍赞誉和认可。

二、数字化展示手段

(一)数字采集与处理

在打造品牌的过程中，非遗数字采集与处理是必不可少的环节。应用高精度的设备和技术手段，对各种形式的非遗（如手工艺品、表演艺术、传统技艺）进行数字化记录和处理，为后续非遗展示和传播提供高质量的数据资料。比如，应用高清摄像机、扫描仪等设备，对剪纸这一非遗项目进行数字采集，保证每一条线、每一个图案都能被精确还原。然后，应用图像处理软件，对采集的数字资料进行色彩校正、细节强化等处理，使剪纸作品在数字世界里呈现出更加鲜明的色彩和质感。数字采集和处理在保护非遗的同时，为品牌塑造提供了丰富的非遗内容。

(二)应用虚拟现实和增强现实

虚拟现实和增强现实技术的应用给非遗的数字化展示和传播带来了令人瞩目的革命性变化，在品牌建设上起到了重要的辅助作用。利用 VR 和 AR 技术，品牌可以创造出高度沉浸式的体验场景，将消费者带入非遗的真实环境中去，让消费者身临其境地感受非遗独特的魅力。以京剧 VR 体验项目为例，消费者通过佩戴 VR 设备来直接观看京剧表演。同时，结合 AR 技术，消费者还能将京剧元素融入现实场景，实现与非遗的交互式体验。沉浸式体验有利于提升消费者对品牌的兴趣和好感度，对品牌的吸引力和传播力也有很大的提升作用。

(三)交互体验

交互体验设计是非遗数字化展示与传播的关键环节，是加强品牌与消费者之间的情感联系的有效途径。在品牌建设过程中，要充分利用数字平台和技术手段打造多样化的互动体验场景，比如，开发互动刺绣体验 APP 或小程序，让消费者在虚拟环境中学习和设计刺绣图案，并有机会将自己的作品上传到平台上与其他用户进行分享和交流，通过这种方式加深消费者对非遗的了解。还可以结合线下的刺绣工坊及非物质文化遗产节活动，让消费者有机会亲身体验刺绣技艺的魅力，对品牌有更深的认识和认可。通过这些互动体验的设计，既丰富了非遗的传播方式，又增强了品牌与消费者的互动性和黏性，为品牌塑造注入了新的活力与动力，也为传统手工艺的保护与发展做出了一定的贡献。

三、传播渠道与策略

（一）社会化媒体传播：构建多元化的传播矩阵，激发公众参与积极性

社会化媒体是当代信息传播的重要载体，用户基数庞大，互动性强，传播速度快，为非遗的传播提供了得天独厚的条件。非遗品牌应充分利用热门社会化媒体平台，构建多元化的传播矩阵。例如，通过微信公众号发布与非遗相关的图片、文字、视频等内容，吸引用户关注并转发、分享；在微博平台上，利用话题标签、短视频等形式引导用户参与讨论和互动。此外，可以邀请知名博主、网红等分享和推荐非遗经验，利用他们的影响力扩大非遗传播范围。社会化媒体传播的关键在于内容的趣味性和互动性，能够引起用户的共鸣和热情，从而获得良好的口碑传播效果。

（二）网络视频平台：打造优质内容，实现精准传播

内容资源丰富、用户基础雄厚的网络视频平台成为非遗传播的重地。非遗品牌可与主流网络视频平台合作，共同打造展现非遗技艺、传承人故事的非遗专题频道或栏目。通过观看高清画质和精心制作的视频内容，观众既可以获得视觉享受，也可以深入地了解非遗的内涵和价值。另外，基于用户行为数据和兴趣偏好，利用视频平台的智能推荐系统，对非遗内容精准推送。还可通过邀请非遗传承人现场展示技艺、授课等方式，开展非遗现场直播活动，实时与观众互动、交流，提升观众参与感、体验感。在网络视频平台的传播策略上，注重内容的质量和创意，注重与用户的深度互动，提升非遗传播效果和市场影响力。

（三）线下活动：加强体验互动，促进文化传播

线下活动是非遗传播不可缺少的途径。通过举办非遗节庆、展览、工作坊等线下活动，增强社会公众对非遗的兴趣，让公众近距离接触和体验非遗。线下活动可以充分利用数字技术，在数字化展示、传播的大背景下实现升级、革新。比如，应用VR/AR技术打造非遗体验区，让受众身临其境地感受非遗技艺在虚拟环境中的魅力；为受众提供便捷的参观引导，并通过智能导航系统让受众进行互动体验；应用大数据技术对受众行为和需求进行分析，根据分析结果持续优化活动。此外，线下活动还可结合线上传播，通过社交媒体、网络视频平台等渠道进行活动预告、现场报道、后续传播，通过线上、线下多个渠道进行传播，形成线上、线下联动的传播效应。在线下活动传播策略上，注重活动的创新性与体验性，将线上、线下有机结合，使非遗的传播效应与社会影响力得到全面提升。

四、非遗文化传播效果评估方法

（一）数据分析：评价沟通有效性的定量指标

首先，对非遗数字化展示的相关数据进行有目的的收集；其次，可重点从以下几个方面进行数据分析，评价非遗数字化展示的传播效果。

（1）访问量和曝光量：统计数字展示平台的各种数据指标，如访问量在多少万人次之间变化，了解非遗内容的曝光程度。例如，某非遗数字博物馆在一个月内吸引了100万人次的访问量，页面浏览量达到500万，表明该数字博物馆的内容传播范围广，受到了大量用户的重视。从数据上看，非遗数字化展示平台在一定程度上起到了传播非遗的作用。

（2）用户行为分析：运用数据分析工具，对用户在平台上的行为轨迹进行跟踪分析，如停留时间比较长、点击率比较高等指标，以了解用户对非遗内容的兴趣和用户互动情况，并对具有一定吸引力的非遗内容进行分析和归纳，给出推荐意见。

（3）转化率和参与度：分析用户从浏览到参与、从参与到转化的比例，如注册用户数、参与互动活动的用户数、购买非遗产品的用户数。高转化率意味着非遗数字化展示不仅吸引了用户的注意力，还成功地激发了用户的参与、购买意愿。

（4）地域分布和人群特征：通过数据分析，了解用户的地域分布和人群特征，有助于更准确地定位目标受众，优化传播策略。如果发现某个非遗项目在特定地区具有较高的用户活跃度，则可以加大该地区的非遗宣传力度。

（二）用户反馈：直接了解受众的感受和需求

用户反馈信息的收集方法主要有在线调查问卷、分析舆论导向及影响、专业评价与认可等。在收集、分析用户反馈信息后，可以针对用户对非遗内容的不同感受和需求，进一步优化非遗数字化展示的效果。

（1）在线调查问卷：在数字平台为非遗用户发放有针对性的调查问卷，收集的用户信息涵盖用户对非遗内容提供情况的评估与建议、对非遗在数字展示形式上的满意程度、对数字展示方式的改进意见、与互动体验有关的问题和诉求。通过在线调查问卷，了解非遗的保护与传承情况。

（2）分析舆论导向及影响：分析媒体报道的舆论导向，了解媒体对非遗传播活动的态度和立场。同时，评估报道对公众认知、态度和行为的影响，了解非遗传播活动的社会影响。

（3）专业评价与认可：关注行业专家、学者对非遗数字化展示的评价与认可。他们的专业观点对于评价非遗传播活动的专业性和创新性具有重要意义。积极收集和回应专家、学者的建议和批评，为非遗的传承、创新提供有力支持。

第五章 非遗文化数字教育与培训

第一节 数字教育在非遗传承中的重要作用

一、数字教育丰富教学手段，提升非遗学习的趣味性和互动性

数字教育在传承非遗方面，以其丰富多样的教学方式，将前所未有的趣味性和互动性注入非遗学习中，使学习者的参与度和学习效果都得到了很大的提高。将多媒体技术与交互设计相结合，数字化教育平台将非遗技艺的学习过程打造成生动有趣的学习过程。开发出一款 VR 刺绣体验 APP。用户戴上 VR 设备后，仿佛置身于仿古刺绣室，在虚拟导师的带领下，亲手"绣"出一针一线的精美针线，体验刺绣一针一针的迷人之处。这种身临其境的感受，不仅使学习者对刺绣技艺有了更直观的认识，也能激发其深入探究的兴趣，从而使学习过程不再枯燥。

数字教育通过引入游戏化学习和社交互动等元素，使非遗学习的趣味性和互动性得到增强。比如，某网络游戏把非遗项目设计成游戏中的关卡和任务，使玩家在解谜和通关的过程中学习并运用相关的非遗知识。该网络游戏还设置了成就系统"积分排行榜"以及社交分享功能"与非物质文化遗产传承人直接对话的机会"，以促进非遗知识在玩家社区的传播。该网络游戏还以与非遗传承人直接对话的方式，加深玩家对非遗文化的认识与感悟。寓

教于乐的教学方式，在增强学习者学习兴趣和学习动力的同时，促进了非遗的传承与创新，使古老的技艺在数字时代焕发出新的生机与活力。在这样的教育方式下，学习者不仅可以学到知识，还可以从中得到心灵上的启迪与感悟。

二、数字教育促进非遗传承人的培养与传承机制的创新

数字教育提供了丰富的学习资源与平台，使非遗传承人的培养路径得到很大的拓展。传统上，非遗技艺的传承主要靠师徒间的口传心授。这种传承方式虽然十分直接、有效，但受限于时间、地域、教学资源，很难大规模地培养传承人。而数字教育则突破了这一局限。它以在线课程、虚拟实验室、远程辅导等多种形式，让更多的人有机会对非遗技艺进行系统的学习，从而使非遗得到更多的传承机会。比如，一些非遗保护机构与大学合作开发的非遗技艺在线课程涵盖了理论讲解、实践示范、案例分析等多个方面的内容。这一做法也为非遗技艺的传承提供了更为便利的实现途径。这种规模化、开放式的教育模式，为非遗传承人培养提供了广阔的空间和发展前景。

数字教育对非遗传承机制的创新有促进作用，对非遗的主动传承也起到了促进作用。借助数字化手段，非遗的记录、组织、传播和传承效率得到了很大的提高。一方面，数字教育平台能够搜集、整理非遗的相关资料，将文字、图片、视频等形式的学习资料呈现给学习者；另一方面，平台还能利用大数据分析技术对学习者的学习行为、兴趣偏好等进行跟踪分析，为学习者提供精准的教学指导和个性化服务。此外，数字教育对非遗传承人之间的交流与合作起到了促进作用。为使非遗得到更好的传承，人们通过网络社区和论坛，以分享经验和交流见解为宗旨，对非遗传承过程中遇到的难题共同进行解决。这一基于数字技术的创新传承机制，既提高了非遗传承的效率和质量，又增强了非遗文化的生命力和影响力。

三、数字教育推动非遗文化的普及与产业发展

数字教育对非遗产业的创新发展也有很大的推动作用，为非遗的传承注

入了新的生机。随着数字技术的应用，非遗产业开始与数字经济和文化创意产业相融合，形成新的商业模式和产业生态。一方面，数字教育平台为非遗产业输送大量专业人才，提供非遗技能培训与认证等服务。另一方面，数字教育也促进了非遗产品的创新设计。将非遗元素与现代审美和市场需求相结合，通过数字化手段创造出有竞争力的非遗产品。如部分非遗传承人利用电子商务平台以及社交媒体等渠道，结合现代设计思路，推出创新、实用的非遗产品，受到市场欢迎。产业化的发展模式，既为非遗的保护提供经济上的支持，又促进了非遗的传承与创新发展，并使之得到可持续发展的保障。

第二节　丰富的非遗数字教育资源开发与利用

一、非遗教育资源的采集与数字化转化

（一）非遗教育资源的采集

采集非遗数字教育资源，需要精确、高效。采集方式多样。采集非遗数字教育资源是其开发、利用的起点。一方面，传统的田野调查方式可以深入非遗项目所在地，采访非遗传承人，记录非遗工艺，拍摄实物照片、视频等，直接获得第一手信息。此方式虽费时，却能确保资源真实、完整。另一方面，随着技术的发展，非遗数字教育资源的采集可以运用3D扫描、动作捕捉、无人机航拍等现代数据采集手段。如对非遗进行高精度空间结构分析，利用3D扫描技术生成三维模型；应用动作捕捉技术，可以在后续的数字复制中捕捉非遗传承人的动作数据。此外，还可以通过网络爬虫、社会化媒体监测等方式广泛收集非遗的数字信息。这些多样的采集方式在提高非遗数字教育资源采集效率的同时，使资源的种类、来源更加丰富。

（二）非遗教育资源的数字化转化

将采集到的原始资料转化为可用于教育、培训的数字化形态，这包括图像处理、音频剪辑、视频剪辑、3D 建模等多个步骤。具体地说，就影像资料而言，色彩校正、裁剪、还原等操作，可使用专业影像处理软件，提升影像清晰度及观赏品质；对于影音资料来说，要保证它的声音和画面质量，就需要进行去噪、剪辑、配音等流程。利用 3D 建模技术，实现非遗项目的立体展示，可将采集到的实物资料转化为 3D 模型。在非遗教育资源数字化改造过程中，为便于资源存储、检索和共享，还需要注意统一文件格式、制定元数据标准等数据处理的规范性。此外，利用 VR、AR 等先进技术，构建非遗项目的虚拟体验场景，让学习者亲身感受非遗文化的魅力，以增强资源的互动性和体验性。

二、非遗数字教育资源的系统分类与整理

（一）分类

确保有序、精细管理资源的关键环节是非遗数字教育资源的分类。目前，我国非遗的分类体系已经比较成熟，分类方法多种多样，有十大类的，也有十六大类的。这些分类方法主要以非遗项目的表现形式、文化内涵等因素为依据，对非遗项目进行分类。在对非遗数字教育资源进行分类的过程中，可以根据这些数字资源的特点，借鉴已有的分类制度，适当进行调整。比如，非遗数字教育资源可以分为传统音乐类、传统舞蹈类、传统戏剧类、传统体育类、娱乐杂技类、传统技艺类、传统医药类、民俗类等多个类别，并在各个类别下进一步细分到具体的分项。还可以考虑引入元数据标准，为每项数字资源提供资源名称、类型、来源、创建者、创建时间、关键词等信息的详细说明和注释，便于资源检索和管理。非遗数字教育资源通过这样的系统分类，能够更加系统化、标准化，为学习者提供明确的学习路径，提供丰富的学习资源。

（二）整理

对非遗数字教育资源的格式进行标准化，在分选的过程中进行筛选和重复数据删除，保证资源的独特性和高质量。第一，对资源格式进行统一的标准化在整理资源过程中是非常有必要的，如将视频资源转换为统一的编码格式，将图像资源调整为统一的分辨率和大小等。第二，非遗数字教育资源的范围很广，数量也很多，难免会出现重复或低质量的资源，所以在整理资源的过程中资源筛选和重复数据删除很重要。第三，对每项数字资源进行详细的描述和索引，有利于学习者快速找到所需的资源。这包括为资源编写准确的标题、内容关键词，在数据库或平台上建立相应的索引机制，从而使非遗数字教育资源的检索和利用更为简单、有效，提升学习者的学习效率和效果。

三、非遗数字教育资源的利用

开发非遗数字教育资源，旨在满足不同学习者的需要，构建全方位、互动性强的学习体系。这一过程强调资源的整合与创新，把知识、技能、故事等非遗中的元素，通过数字化手段，变成通俗易懂、便于传播的数字内容。比如，可以通过视频授课、网络互动问答、虚拟实操等形式，开发非遗在线课程，让学习者系统地学习非遗技能，体验非遗魅力。为满足不同年龄、不同学习方式的学习者的学习需求，还可以运用不同的教育资源，如非遗数字教科书、电子书籍、动画短片等。这些资源的开发、利用既坚守了非遗内容的精准性，又激发了学习者的好奇心和探索欲，强调寓教于乐、互动式的教学。另外，通过建立非遗数字教育资源库，可实现资源共享，推动非遗文化的传播与普及。

第三节　线上、线下结合的非遗数字教育模式创新

一、教育模式构建：线上、线下融合的教学框架

（一）设计线上、线下结合的教学框架

线上、线下结合的教学模式、教学框架以学习者为核心，充分发挥线上平台的灵活性与线下体验的沉浸感，力求优化教学效果。具体来说，这种教学框架主要分为两大部分。一是网上学习环节，该环节主要是知识传授与促进自主学习。它为学习者提供了便捷的学习机会，学习者无论在何时何地，都能进行学习。这一环节涵盖了视频教程、互动课件以及虚拟仿真实验等多种形式的教学资源，通过构建全面的在线资源库，满足学习者的多样化学习需求。同时，运用在线学习管理系统（learning management system, LMS），通过课程管理、学习进度跟踪、成绩考核等方式，确保学习者的学习过程既规范又高效。二是线下实践操作，互动、沟通，情感经历。通过组织实地考察、工作坊、大师班等，加深学习者对非遗文化的了解和认同，让学习者亲身体验非遗技艺的魅力，与非遗传承人面对面地沟通、交流。线上部分与线下部分相结合，相辅相成，共同构成了一个完整而充实的学习周期。

（二）技术支持和平台建设

将线上、线下教学相结合，要求有现代信息技术的支撑与高效平台的建设。一是要充分利用云计算技术、大数据技术、人工智能等技术构建智能学习生态系统，并通过智能推荐算法为学习者提供个性化学习路径与资源；二是在数据分析的基础上，对学习者的学习状况做到心中有数，并及时调整教学策略；三是建设功能齐全的在线学习平台与移动学习应用，以方便学习者学习与沟通，这些平台要保证良好的用户界面、流畅的操作、强大的交互功

能和稳定的安全性能，从而保证学习者能够顺利开展网上学习与沟通。这些平台的建设不仅有助于满足学习者的个性化需求，使学习者获得优质的学习资源，还有效地对接线下教学场景，做到线上、线下数据的同步和资源共享，以提高学生的学习质量和学习效果。

（三）教学实施与效果评价

在实际的教学中，把线上、线下非遗数字教育模式融合起来，必须把教学实施与效果评价有机结合起来，才能充分激发学习者的学习兴趣，发挥学习者的学习潜能。一要制订详细的教学方案和实施方案，对教学目标、教学内容、教学方式、考核办法等有明确的规定。二要突出教学过程的互动性和参与性，充分利用网上讨论、在线问答、小组协作等互动方式激发学习者的学习兴趣和学习热情；并组织实践操作、成果展示、经验分享等线下活动，增强学习者的实践能力和团队协作能力。三要建立一套科学的教学效果评价体系。对学习者的学习过程、考核、学习效果做到心中有数，从而保证教学质量不断提高。通过问卷调查、学习测试、专题作业等多种形式，对学习者的学习成果进行综合评价，同时收集学习者的反馈意见和建议，在不断优化教学模式和方法的基础上，保证线上、线下一体化非遗数字教育模式继续发挥它的优势与作用，为非遗的传承与发展做出一定的贡献。

二、教学资源整合：数字技术与传统资源的结合

（一）数字技术的应用

数字技术在非遗数字教育、培训创新模式中占有举足轻重的位置。运用数码摄影技术全面准确地记录非遗作品的每一个细节表现手法和制作过程，得到丰富的数字档案资料，既为非遗的长期保存提供了强有力的保证，又使更多的人通过互联网和移动应用平台，不受地域限制地了解并欣赏这些珍贵的文化遗产。例如，南京云锦数字化保护项目以互动和沉浸的方式向全球观众展示云锦文化，对非遗的传播起到了很大的促进作用。在非遗保护工作中

运用数字技术意义重大。

虚拟现实和增强现实技术的发展，给非遗教育带来了空前的改变。人们可以用 VR 和 AR 设备亲身感受非遗的魅力。例如，玉兰蝴蝶项目就是结合VR 技术，为人们提供近距离欣赏这种传统工艺作品美丽的机会。除此之外，还有动作捕捉技术在非遗表演艺术中的运用以及京剧中虚拟人的发展等，都使非遗以全新的数字形式得到进一步传承与传播。

（二）传统资源整合

传统资源整合在非遗数字教育中也扮演着不可缺少的角色。这些传统资源既有非遗传承人的口述历史，又有文献资料，既有传统技艺的历史影像，也有实物陈列。运用数字技术对这些传统资源进行整理、加工、转化，使之焕发出勃勃生机。如非遗数字图书馆利用数字技术整理、存储非遗文献、影像、音视频等资料，为非遗研究和学习提供了便捷的资源库。这不仅对非遗知识的系统化、规范化起到了一定的帮助作用，还对非遗文化的广泛传播、深入研究起到了促进作用。

在传统资源整合中，高职高专也起着举足轻重的作用。第一，高职高专充分利用自己的技术专长优势，搭建起数字化智能培训平台，邀请非遗传承人讲习；第二，以产教结合的方式，将传统非遗技艺同现代职业教育相结合，以促进非遗人才培养工作开展；第三，将传统资源整合同现代技术应用有机结合起来，既能提高非遗教育的质量和效益，又能有力地促进非遗文化的传承与创新发展。高职高专不仅发挥了自身的优势，还有效地将传统非遗技艺同现代技术相结合。

三、教学方法创新：多元化教学手段的引入

（一）互动式教学的应用

在非遗数字教育中引入互动式教学，能提高学生的学习热情和学习参与度。学生通过社交媒体、网络论坛、视频会议等在线平台，与老师、同学甚

至非遗传承人进行实时互动，对非遗的内涵和历史背景等进行深入的了解。比如，在在线课程"中国剪纸艺术"中，教师可设置互动式链接，让学生上传自己的剪纸作品并分享创作经验，同时邀请剪纸大师对学生作品进行点评与指导，这种即时反馈与交流不仅让学生体会到学习的快乐，还能促进学生对知识的深刻理解与技能的迅速提高。通过这种方式，更好地传承与弘扬非遗。另外，利用虚拟现实技术，学生可以"进入"非遗的虚拟场景，体验传统手工技艺，进行模拟练习；利用增强现实技术，学生可以从不同角度观察并记录传统手工技艺，与虚拟人物互动，模拟实际操作过程，从而加深对非遗的认识和掌握。

（二）讨论式教学的实践

非遗数字教育中的讨论式教学，以培养学生的批判性思维和解决问题的能力为主要目的。在教师的指导下，学生围绕具体的非遗主题，通过专题研讨、小组讨论、案例分析等方式进行深入探究。例如，教师在戏曲数字化保护与传播研讨课堂上，引导学生分组研究，分析案例，撰写报告，并讨论、发言，可以提出"如何利用数字技术更好地传承和传播戏曲"的课题。这种教学模式鼓励学生主动思考、主动发言，通过思想的碰撞、观点的交流，对非遗的传承与发扬进行多元而深刻的理解。讨论式教学还注重学生团队合作精神和沟通能力的培养，为学生今后的学习、工作奠定扎实的基础。

（三）体验式教学的探索

网络教育中的体验式教学是非遗数字教育的一大特色，以虚拟实验室、在线模拟游戏、远程实践课程等多种途径，让学生亲身感受非遗文化的魅力与价值，真正达到学有所成、学以致用的目的。比如，在"陶瓷制作技巧"这门在线课程中，学生可以通过虚拟实验室模拟陶瓷制作的各个阶段，从原材料的选择到成型，再到烧制，对陶瓷制作过程有深入的了解和体会。学校还能与线下非遗工作坊合作开设远程实践课程，使学生在专业人士的指导下完成实际作品的制作，将非遗技艺传承下去。运用线上、线下相结合的教学方式，既能给学生带来更加直观而深入的学习体验，又能增强学生对非遗的保护意识。另外，体验式教学也注重学生动手能力的培养与创新思维的训练，对于学生今后的职业发展与文化传承具有积极而长远的意义。

四、教育效果评估：多维度评价体系的建立

（一）学生评价：反馈驱动学习效果的直接反映

学生评价是评价非遗数字教育、培训效果的核心环节，直接反映了学生对课程内容、教学方法和学习成果的满意程度。在线上、线下相结合的非遗数字教育模式中，学生评价应涵盖多个维度：

（1）课程内容和资源。学生评估数字教育资源是否丰富和全面，是否能满足他们的学习需求。例如，对于传统手工艺的数字化教学，学生可以关注教学视频是否清晰、详细，是否提供了足够的实践案例和参考资料。

（2）教学方法和互动。学生评价线上、线下的授课方式是否灵活多样，能否有效地促进学习、互动。比如，互动式、体验式教学方法是不是运用得很充分，在学习的过程中，学生的反馈和帮助是不是很及时。

（3）学习成果和满意度。对学生的学习成效，学生根据自己的学习成绩进行评定。学生对学习效果进行自测、交作业、交工作报告等考核，并以此为依据进行满意度测评。学生还会关注学习成果在实践中是否能够得到应用，非遗方面的文化素养和技能水平是否得到了真正的提升。

学生评价应采取定量与定性相结合的方法，通过问卷调查、在线反馈、访谈沟通等多种渠道收集数据，确保评价的全面性和客观性。

（二）教师评价：综合考虑教学质量和专业能力

教师评价是评价非遗数字教育、培训是否有效的重要内容之一，侧重于对教师的教学质量和业务能力进行评价。在线上、线下相结合的教育模式下，对教师的评价要着重考虑以下几个方面：

（1）教学设计与实施：教师应根据非遗的特性和学生的学习需求，对教

学方案进行精心设计和有效实施。在评价时，着重考察教师的教学目标是否明确，教学内容是否准确，授课方式是否恰当。

（2）教学互动与反馈：教师应以积极的态度与学生进行互动，对学生的学习进度和困惑给予重视，并及时给出有效的反馈。评价时，着重考虑教师能否激发学生的学习兴趣，促进学生之间的沟通与合作，并能根据学生的反馈对教学策略进行相应的调整。

（3）专业能力和责任感：教师在非遗方面要有扎实的文化素养，在教学方面要有很强的责任心。评估时，考察教师对非遗的了解程度、是否认真对待教学、是否愿意给予学生额外的帮助与支持等，并在评估中对学生进行评价。

采取同行评、学生评、自我反思相结合的方法，对教师的教学质量、业务能力等进行全方位的评价。

（三）社会评价：对非遗数字教育影响力和贡献的广泛认可

社会评价是从宏观角度评价非遗数字教育和培训的有效性，关注教育项目在社会层面的影响和贡献。在线上、线下相结合的教育模式下，社会评价应重点关注以下几个方面：

（1）文化传承与创新：教育项目是否有效地促进了非遗传承与创新；是否可以培养出具有非遗素养和创新能力的人才；培养出的相关人才能否在实践中发挥积极作用，促进非遗的繁荣与发展。

（2）社会影响和认可：教育项目是否得到社会各界的广泛认可和关注，它是否吸引了更多的公众参与非遗保护和传播，是否促进了非遗与其他领域的融合创新。

（3）经济效益与可持续发展：教育项目是否带来了经济效益，是否促进了非遗产业的发展；是否已建立可持续发展机制，以确保教育项目的长期有效运作。

通过问卷调查、媒体报道、专家评价等多种方式进行社会评价，广泛收集社会各界的意见和建议，为不断优化非遗数字教育和培训工作提供有力支持。社会评价还应关注教育项目的长期有效性，评价其对促进非遗传承和发展的持续贡献。

第四节　传承人与从业者的数字技能培训体系

一、培训体系构建与目标定位

（一）培训体系建设

建设非遗数字教育、培训体系是一个系统的多层次过程，目的是使非遗传承人和实践者的数字化技能得到全方位的提升，从而促进非遗的传承与发展。

具体而言，培训体系包括以下几个方面的内容：

（1）课程设计：围绕非遗的特点和传承需求，设计多方位的课程内容，从基础理论到数字化技能都有所涉及，并对不同层次的学生的学习需求进行划分，设置基础班、提高班两个层次的班级。

（2）师资力量：建立由非遗传承人、数字技术专家、教育领域专家组成的多元化师资队伍。非遗传承人负责传授非遗技能和文化内涵，数字技术专家负责传授数字化技能和知识，教育专家负责教学设计和教学方法指导。

（3）教学资源：建立数字化教学资源库，该资源库包括教学视频、在线课程、案例分析、实践项目等。利用大数据技术和云计算技术，实现教学资源的共享和优化。同时，建立学生学习档案，跟踪学生学习进度和效果，为学生提供个性化学习建议。

（4）实践平台：建立结合线上与线下的实践平台，提供给学生动手操作与实践示范的机会。线上平台可设置虚拟工作坊与网上展览等，线下平台可组织实地考察与工作坊等。通过这些实践平台的运用，使学生能将所学知识和技能融会贯通到实际项目中去，加强学生对综合能力的掌握与运用。

（5）评价与反馈：建立系统的测评体系，对学生进行评价并进行相应的反馈。测评可涵盖各种形式的考核内容，既考察工作项目实践，又有考试。在反馈环节，要收集学生的反馈意见，在此基础上不断优化训练内容和授课方式。

（二）目标定位

（1）提升数字化技能：培养非遗传承人和从业人员必要的数字化技能，系统培训涵盖数字媒体、营销、数据分析等方面的知识内容，能够促进非遗数字化传播与发展。

（2）促进文化传承：加强非遗保护意识的培养，建立有利于非遗传承的有效机制，强化非遗传承人的业务能力和文化传承意识。在数字时代创新非遗传播媒介和传播方式，吸引更多的人参与非遗传承与发展，真正把非遗传承下去，做到生生不息。

（3）促进产业发展：培养非遗产业的优秀人才，针对市场需求和产业发展趋势制订促进非遗产业发展的策略与方案。在运用数字技术提高非遗文化产品的附加价值和市场竞争力方面进行探索与尝试。

（4）构建生态系统：建立政府、学校、企业和社会各界共同参与的非遗传承、发展生态系统。通过数字教育、培训，促进各方资源的有效整合和共享，形成推动非遗传承、发展的合力。

二、课程内容与教学方法

（一）数字教育与非遗培训课程内容设置

在整个非遗数字教育、培训体系中，课程内容设置是关键的一个环节，直接决定着非遗传承人和实践者所能学到的知识与技能，所以课程内容一定要是全面的、系统的，而且是前瞻性的。

（1）非遗基础课程：为了使学生对非遗有全面、深入的认识，要开设非遗基础课程，内容涉及非遗的历史渊源、分类、特征、文化内涵和价值等各方面的内容。本部分课程会结合传统教学、案例分析、专家讲座等多种形式进行，为学生打下扎实的理论基础。

（2）数字技术应用课程：开设数码摄影、影像制作、3D 扫描与建模、AR/VR 技术应用、社会化媒体运营等一系列数字技术应用、提升课程。这些课程旨在为非遗数字化记录、展示和传播提供技术支持，使学生掌握数字技术的核心技能。

（3）非遗数字化实用课程是根据非遗项目的具体需要而设置的。该课程内容可包括非遗数字化存档、非遗项目数字化展示、非遗产品电子商务平台运营、非遗短视频创作等多个方面。学生通过实际项目的操作，提高解决实际问题的能力，将理论知识与实际操作相结合。

（4）创新与发展课程：为培养学生的创新能力和市场洞察力，开设创新与发展课程。该课程内容可涉及非遗与现代设计的融合、非遗产品的品牌策划与推广、非遗产业的商业模式创新。这些课程旨在引导学生思考非遗未来的发展路径，探索非遗在现代社会中的新机遇。

（二）非遗数字教育与培训的教学方法

运用多样化教学方式能较好地提高非遗数字教育和培训的授课效果。下面列举出几种比较有效的授课方式供借鉴：

（1）线上线下混合教学：把网上授课的灵活与线下课堂的互动相结合。网上授课提供理论基础知识和相关数字技术自学资源；线下课堂则以实际操作练习为主，加强师生之间的互动。以小组讨论配合专家辅导等形式促进学生之间的沟通与交流。在学习环节设置上做到了融会贯通。

（2）项目驱动式教学：将实际的非遗项目作为教学主体内容，进行项目策划、实施与考核评价。项目化授课使学生有机会在实践中掌握数字化技能、运用知识的能力，并培养学生的团队协作能力、解决问题的能力等。

（3）师徒教学：聘请非遗传承人做好传帮带工作。非遗传承人可通过师徒关系，亲授宝贵经验与见解，指导学生研习非遗技艺。学生可以向非遗传承人提问，加深对非遗的认识和理解。

（4）案例分析、讨论：选取非遗数字化成功案例进行分析、研讨，引导学生对非遗数字化传播的策略、方法等进行思考。学生通过案例分析、讨论的方式，在创新思维、解决问题的能力上，借鉴他人经验，开阔眼界，增强才干。

三、师资力量与教学资源

（一）师资队伍

建设非遗数字教育、培训的一支高水平的师资队伍，可从以下几个方面着手：

（1）非遗传承人：为了使学生更深刻地认识非遗的价值和魅力，可以邀请具有丰富实践经验和深厚文化底蕴的非遗传承人作为核心教师进行教学，既能传授非遗技能的精髓，又能分享他们在传承非遗过程中的经验和见解，并给学生宝贵的第一手资料，使学生通过他们的言行对非遗有更直观的认识和感受。

（2）数字技术专家：聘请在数字技术领域具有丰富经验和专业技能的专家，如数码摄影师、视频制作人、3D建模师。这些专家将为学生提供系统的数字技术培训，如数字技术理论基础、软件操作、项目实践等方面的培训。他们的加入将为非遗的数字化记录、展示和传播提供强有力的技术支持。

（3）跨学科整合团队：打造由非遗传承人、数字技术专家、文化研究学者等多领域专家组成的跨学科整合团队。团队成员可以相互学习，相互启发，共同探索非遗与现代数字技术相结合的新路径。这种跨学科的交流与合作有助于培养学生的创新思维和综合能力。

（4）兼职、客座教师：聘请非遗保护机构工作人员、文化企业领导等具有丰富实践经验和行业影响力的兼职、客座教师。他们可以从不同的角度为学生提供前沿的行业信息和实践经验，开阔学生的视野和思路。

（二）教学资源

整合、优化各类教学资源，确保非遗数字教育、培训工作的高质量实施。

（1）数字化教学资源库：建立非遗基础资料、数字技术培训资料、成功案例分析、实践项目资料等在内的非遗数字化教学资源库。这些资源可以为学生提供便捷的学习路径和丰富的学习内容，通过网络平台实现资源的共享和接入。

（2）虚拟仿真培训平台：利用 VR/AR 等技术，搭建非遗技能虚拟仿真培训平台。学生可以通过模拟操作和虚拟环境下的非遗技能实践锻炼，提高实践操作能力。

（3）校企合作实训基地：与相关企业合作建立非遗数字教育、培训实训基地。通过校企合作，学生可以真正参与非遗项目，了解市场需求和行业趋势，增强解决实际问题的能力。同时，企业可以利用培训基地的资源和人才优势，推动非遗的创新和发展。

（4）在线学习社区：建立非遗数字教育、培训在线学习社区，为学生提供交流、互动的平台。学生可以在该社区中分享学习经验，交流实践经验，提问、解惑。在线学习社区可以邀请行业专家进行在线讲座和答疑，为学生提供及时的专业指导和帮助。

四、培训效果评价与后续支持

（一）培训效果评价

作为非遗数字教育、培训体系的一部分，培训效果评价是必不可少的一环——它既保证了教学质量，又可以优化学习方案。为了达到全面、客观的考核效果，可以采取以下方法，从不同维度对学生的学习情况进行评估。

（1）多维度评价：对参加培训的学生进行知识掌握程度的提高、技能水平的提高、思维的转变等方面的多维度考核评价。在培训过程中采取多种方式收集学生的学习成果和反馈信息。具体可以针对学生在数字技术运用能力、非遗技能等方面有具体的考核办法。在非遗传播策略学习、市场营销能力等方面也要进行考核评价。

（2）结合定量、定性两种考核手段：在评价学生的时候，不仅重视定量数据的收集和分析，如学生的学习成绩和艺术作品的数量和质量等，也重视对他们的定性评价，如他们在学习兴趣和学习态度上的表现以及他们的创新思维、团队协作等方面的能力和表现等，从而全面地评价他们的培训效果。

（3）建立培训结束后的跟踪跟进机制，定期与学生联系，了解他们在工作实践中的知识和技能应用情况、遇到的问题和解决的办法等，做到心中有数，对培训中出现的问题和不足，通过长期跟踪等方式及时解决，为后续的培训优化工作提供强有力的支持。

（4）案例分析与经验总结：精选学生有代表性的案例，对学生成长历程及培训成功经验进行深入剖析。定期组织专家对培训方案进行评估和修订，保证培训与市场需求同步。

（二）后续支持

为使非遗数字教育的持续性和有效性得到保证，需要为学生提供全方位的后续支持。

（1）在线学习平台：为了为学生提供持续的学习资源和交流空间，建立在线学习平台。在该平台上，学生可以获得最新的行业趋势和技术信息的学习资料，并能与同行分享和交流自己的心得体会。

（2）专家咨询服务：组建由非遗传承人、数字技术专家及产业专家等构成的咨询团队，为学生提供一对一的咨询服务，及时解决学生遇到的技术难题和行业困惑等，做到有问必答。学生在遇到任何技术问题或行业难题时，都可以联系咨询团队，获取专业意见。

（3）项目孵化和资金支持：为有潜力的学生提供项目孵化机会和资金扶持，帮助学生将培训成果转化为实实在在的项目，并将培训成果推向市场。

通过项目孵化、资金扶持等方式，促进非遗传承与发展，激发学生创新创业的热情。

（4）社团建设与网络拓展：学生社团的建立，使学生更密切地联系、协作。通过组织线上、线下交流活动和分享会，促进学生的信息共享和资源整合。同时，拓展学生的社交网络，帮助学生建立更广泛的人脉关系，开拓更广的市场渠道。

第五节　非遗数字教育成效的评估与反馈机制

一、评估目的与原则

（一）评估目的

对非遗数字教育成效进行评估，以综合、客观地衡量数字教育在非遗传承与发展中的实际效果，从而对今后的教育策略进行调整和优化。评估的主要目的如下：

（1）了解学生的学习效果：考核学生的知识掌握程度、技能提高程度、学习态度的变化情况，从而对数字教育的实施效果进行判断。

（2）评价教育质量：除关注学生学习成果外，还重视教育的质量，如教学内容是否科学、有效，教学方式的适用性如何，教学资源是否丰富等，从而保证非遗数字教育的总体质量，使学生获得全面、系统的非遗知识，学有所成。

（3）发现问题与不足：通过评估，及时发现非遗数字教育过程中存在的教学资源分配不均、教学方式单一、学生参与度低等问题和不足，为后续改进教学提供依据。

（4）优化教育策略：根据评估结果，调整和优化教育策略，如调整课程设置、改进教学方法、增加教师资源，提高非遗数字教育的针对性和有效性。

（5）促进文化传承：评估的最终目的是通过有效的数字教育方式，促进非遗的深度传承和广泛传播，让更多的人了解、欣赏非遗，参与非遗的保护和发展。

（二）评估原则

（1）客观原则：评估数字教育教学效果要依据客观的事实与数据，排除主观臆断与偏见对评估结果的干扰。把定性分析和量化指标相结合，从而全面反映数字教育教学的有效性。

（2）全面性原则：在评估非遗数字教育时，应对各个方面进行评价，确保评估的结果具有全面性和精确性。

（3）发展性原则：在评估非遗数字教育的开展情况时，要重视教育的动态发展趋势，既要评估目前所取得的成效，又要预测将来的发展趋势，为教育策略的不断优化提供借鉴和导向。

（4）参与性原则：在评估过程中，充分听取学生、教师等利益相关方的意见和建议，确保评估结果代表性强、接受程度高。

（5）有效性原则：评估结果要对非遗数字教育的实际工作进行直接指导，为教育战略的完善和教育质量的提高提供强有力的支持。因此，评估指标要有可操作性、可测性，评估办法要简便易行，执行起来要稳妥，评估结果要可靠。

二、评估内容与指标

（一）学生学习效果评估

对非遗数字教育有效性进行评价时，学生的学习效果是核心要素之一，决定了数字教育是否能够有效地促进非遗的学习和传承。学习效果评估的具体评价指标及内容如下：

（1）知识掌握：为了评估学生对非遗基础知识的掌握情况，可采取考试评价的方式；同时可设置定量指标，如考试成绩与作业完成质量，综合评价学生对相关知识的掌握程度。

（2）技能提升：评估学生对数字技术与非遗技能的融会贯通程度，如学生是否能够熟练运用数字化工具进行非遗记录、传承与创新，所学技能是否能够在实际应用中有效地解决实际问题，通过实际考核、项目报告等途径加以评价。

（3）学习态度和兴趣：评价学生对非遗的学习兴趣和学习态度。通过问卷调查、访谈或观察记录了解学生的学习动机、参与度和满意度。这有助于确定数字教育是否激发了学生的学习热情，是否满足了学生的学习需求。

（4）创新思维和实践能力：评价学生是否具备创新思维和实践能力。观察学生在项目实践中的创作表现、问题解决能力、团队合作能力，判断其是否具备将非遗文化与现代科技相结合进行创新的能力。

（二）教学方法和手段评估

（1）教学方法的适用性：评估教学方法是否与数字教育和非遗特色教育相适应，对学生的学习是否能起到促进作用。比如，是否采取激发学生学习兴趣和主动性的互动式教学方法，如案例教学法、项目教学法。

（2）技术手段的先进性：评估非遗数字教育运用的技术手段是不是先进的，是不是有效的。非遗数字教育中既有丰富的数字教学资源，也有稳定的教学平台，还有完善的互动功能。通过技术评估等方式，评估非遗数字教育的技术手段是否对教学目标的实现有充分的支持，是否需要进一步优化升级。

（3）教学效果的反馈与教学方法、手段的调整：评估教学方法和手段在实际应用中的有效性，根据学生反馈和教学效果及时对教学方法和手段进行调整。这就需要建立有效的教学反馈机制，定期收集学生的反馈意见和建议，不断改进和优化教学方法、手段。

（三）教学资源和平台评估

（1）教学资源的丰富性和质量：评估非遗数字教育资源的数量、种类和质量。这包括评估教学视频、图形材料、案例库、在线课程和其他资源的丰富性，以及这些资源是否准确、权威、有代表性、有启发性。通过资源评价，可以判断教学资源是否能够满足学生的学习需求，是否需要进一步丰富和改进。

（2）教学平台的稳定性和可用性：考察非遗数字教育平台的稳定性、安全性和可用性。这包括评价平台访问速度、响应时间和故障率等，平台界面是否友好，操作是否方便，功能是否齐全。通过平台评估，可以保证学生顺利访问和使用教学资源，提高学生的学习效率，优化学生的学习体验。

（3）资源更新和维护：对教学资源及平台使用频次、维护情况等进行评估。这就要求建立有效的资源更新和维护机制，确保在非遗文化的最新动态和发展上，教学资源和平台都能跟得上；也要保证资源的稳定、平台的安全。

三、评估方法与流程

（一）评估方法

（1）定量评估：收集可量化的数据，通过设计标准化测试、调查问卷或在线测试等方式，对参训人员的学习效果进行评估。如可以设置选择题、填空题等客观题，以考查学生对非遗文化基础知识的掌握程度；利用李克特量表等工具，对学生在教学方法、教学资源等方面的满意度进行评价。此外，还可以通过对数字平台上学生的学习行为数据（如学习时长、任务完成次数、互动次数）进行分析，对学生的学习积极性、参与度等进行评估。

（2）定性评估：通过项目作业、案例分析、访谈记录等方式，深入了解学生在学习过程中的具体表现和感受。可在项目作业中展示学生将非遗文化与现代科技相结合的创新成果。通过案例分析，能对成功经验和教学过程中的不足进行分析。通过访谈可以收集学生详细的反馈意见和建议，如对授课方式、授课资源等的意见和建议。定性评估为教学质量的提高提供有价值的参考，可以反映出数字教育背后的深层逻辑。

（二）评估流程

（1）明确评估目标与指标。这有助于明确方向、有据可依地开展后续评估工作。评估指标包括参训人员的学习效果、教师授课方式和手段、授课资源和平台。

（2）收集评估数据：采用定量与定性相结合的方法，根据评估目标和指标，汇总评估数据。这个环节包括设计和使用测评工具（如调查问卷、测试、访谈），以及在数字平台上对学生的学习行为数据进行收集和分析等。

（3）分析评估结果：为揭示非遗数字教育的成效和存在的问题，对收集到的评估资料进行深入分析。这包括对各项指标得分的计算、对学生反馈意见的分析，也包括对教学过程中成功经验和不足的总结。

（4）撰写评估报告：对照分析结果，撰写一份详尽的评估报告。评估报告要包括评价目标、评价方法、评价过程、评价结果和改进意见。评估报告要对非遗数字教育工作成效及存在的问题进行客观、准确的反映，为提高教学水平提供坚强后盾。

（5）反馈与改进：根据评估报告提出的改进意见，及时向有关教职员工和管理部门反馈评估结果，并采取相应措施。这包括教学方法和手段的优化，教学资源和平台的丰富，教学质量和管理水平的提高。非遗数字教育的成效和水平，可以通过不断反馈、完善机制不断提升。

第六节　非遗数字教育国际交流与合作

一、交流与合作的重要性

（一）促进非遗的全球传播

承载着丰富历史记忆和民族情感的非遗，是人类文明的瑰宝。但很多非遗项目由于地域、语言、文化等方面的限制，很难跨越国界，得到世界各国的认识和了解。通过非遗数字教育的国际交流与合作，利用互联网平台和技术手段打破这些限制，让非遗文化以数字化、视觉化的方式展现在全球受众面前。比如，国际组织可以建立非遗数字博物馆、在线学习平台等，展示各国非遗项目，分享非遗背后的故事，提升国际社会对非遗文化的认识。这种国际传播方式不仅为非遗拓宽了传播途径，也为非遗传承与发展注入了新的活力，提升了非遗在国际上的影响力。

（二）共享优质教育资源

由于各国教育水平、技术条件的差异，非遗教育资源分布不均。通过非遗数字教育的国际交流与合作，实现优质教育资源的共享。一方面，各国可以共同开发非遗数字教材、教学视频等教育资源，通过网络平台共享非遗教育资源，让更多不同国家和地区的教师和学生获得优质的教育资源。另一方面，国际教育合作还能促进教师之间的交流、互访，使教师的教学能力和教学水平得到提高，使教学经验和教学方法得到分享。这种教育资源的共享机制，既有利于缩小不同国家教育资源的差距，又可以促进非遗教育的普及和深化，可谓两全其美。

（三）共同应对挑战

保护和发展非遗面临诸多挑战，如非遗传承人老化、技艺丧失、经费不足。这些挑战不仅在具体的国家或地区存在，在全世界范围内都存在。各国可以通过非遗数字教育的国际交流与合作，共同研究和应对这些挑战。国际合作一方面可以在保护和发展非遗方面，集合全球的智慧和力量，共同探索新的模式和路径，如开发具有商业价值的非遗产品，采用数字技术对非遗进行记录、保存和传承；另一方面可以为保护和发展非遗提供更多的支持，促进资金、技术、人才等资源的流动和共享。比如，推动非遗产业化发展，通过跨国合作项目，吸引国际资金和技术支持；培养具有国际视野的非遗传承人，并通过国际人才交流项目进行跨文化交流。这些合作措施既有利于解决非遗保护和发展面临的现实问题，也有利于推动非遗事业持续发展。

二、合作方式

（一）共建数字教育资源库

作为非遗教育国际合作的基础性工程，共建数字教育资源库的目的在于将全球非遗资源整合起来，建立资源内容丰富、形式多样、易于获取的数字教育资源平台，使学习者可以方便地从中获得丰富的知识。

（1）资源收集与整理：各国可以与非遗保护机构加强合作，联合收集非遗的各种资料，如文字、图片、音视频、3D模型等多媒体资料，并进行科学分类、整理。比如，可借鉴中国非物质文化遗产网等平台的经验，利用先进的技术手段对非遗资源进行数字化处理。

（2）平台建设与维护：以馆藏资源为基础，协同构建统一的数字教育资源库平台。该平台应具有强大的搜索、浏览、下载等功能，方便用户快速查找所需资源。可以建立专业的技术团队，负责平台的日常维护和更新，确保资源的及时性和准确性。

（3）资源共享与利用：通过国际协议或合作框架，实现数字教育资源库的全球共享。各国用户均可通过互联网接入该平台，获取丰富的非遗资源，用于教学、科研、传播等。这种共享机制有助于打破地域限制，促进非遗的全球传播和交流。

（二）开展联合培养

联合培养是非遗数字教育国际合作的一种重要形式，是培养具有国际视野和跨文化沟通能力的非遗传承人及教育工作者的有效途径。以下是联合培养方面的一些具体的做法：

（1）课程开发：合作各方结合各自特长和特色，共同开发非遗数字教育课程。课程内容涉及非遗的基础知识、数字技术运用等各个方面。

（2）教师交流、互访：非遗传承人与教师进行跨境交流、互访，促进教学经验、技能的分享与交流；开展实地考察与研讨，以增进相互了解与合作。

（3）建立在线培训平台：利用互联网技术搭建在线培训平台，为无法亲临现场的学生提供远程学习的机会。该平台应具备直播教学、录音回放、在线互动等功能，确保学生获得高质量的学习体验。

（三）组织国际研讨会和展览会

开展非遗数字教育国际合作的重要方式是，定期举办国际研讨会和展览活动，使来自世界各地的专家、学者、非遗传承人、行业专业人士齐聚一堂，就非遗的保护与发展问题进行研讨与分享。

（1）提问和选题：结合当今非遗数字教育领域的最新动态与热点问题，进行研讨会和展览的设定。围绕数字化、保护和传承、创新国际传播等专题，针对具体领域、不同主题展开研讨与展示，引起社会各界对非遗保护与传承的重视。

（2）邀请参会人员：利用网站及各类社交媒体平台等，向国内外专家、学者、非遗传承人、行业专业人士等发出参会邀请函；加大与国际组织、政府机构、民间机构的合作力度，以促进研讨会、展览的举办；开展多方联动，以提升活动的影响力。

（3）成果展示与交流：在研讨会和展览期间，组织非遗数字教育成果的展示与交流活动，通过展板展示、论文演讲、现场演示等多种形式向参会者介绍最新的研究成果和项目案例，以加深与会者之间的交流与合作。设置互动环节，鼓励与会者对非遗的传承与发展提出宝贵意见和建议。企业、大学、科研单位可加强合作，以开发促进非遗传播的数字产品和技术来促进非遗的保护与传承。

例如，某高校与多家企业签订合作协议，可以为产学研一体化的实践提供一些借鉴。该学校与企业共建促进学科专业发展的校外实训基地。学校为提升国际化教育水平，积极引进国际优质教育资源。这种合作模式既有利于培养非遗人才，又有利于促进非遗与现代产业融合发展，是我国非遗与现代产业融合发展的一种新模式。

另外，可通过建立非遗传承人培养机制和制度，提升非遗传承人的相关知识和技能水平。将非遗的传统技艺通过数字化手段记录、保存下来，为后人借鉴和学习提供依据。还可以把非遗纳入学校教育体系，培养学生对非遗的兴趣和认同感，夯实非遗传承、保护与创新发展的根基。

三、实施策略

（一）加强法律法规、政策引导和支持

政策引导与支持是开展非遗数字教育、培训国际交流与合作的重要保证。各国可制定并完善相关法律法规，为非遗的保护与传承奠定基础，做到有章可循。《中华人民共和国非物质文化遗产法》对非遗项目传承人的申报情况作了具体规定，并就传承人的认定与培养等作了详细说明。《保护非物质文化遗产公约》促进了各国沟通与合作，在法律框架上对非遗的保护与传承工作进行了规范。该公约为各国政府提供了开展非遗数字教育、培训与保护工作的有效途径。各国政府还可采取财政手段，对参与非遗数字教育项目的企业和个人给予一定的扶持和税收优惠，以推进非遗数字化进程，这有利于传承和弘扬非遗。

在具体政策的落实上，四川某学院的做法值得借鉴。该学校积极响应当地经济社会发展的需要，主动与多家政府事业单位（如绵阳市非物质文化遗产保护中心）签订战略合作协议，并开展一系列以非遗为主的数字教育课程，既得到了地方政府的支持，又通过政策引导吸引了更多的社会资源参与非遗的传承与保护。可以说，这所学校落实具体政策，为当地经济社会发展做出了贡献。

（二）建立合作机制和平台

建立国际合作机制与平台是发展非遗数字教育、培训的重要内容之一。各国可以共同搭建非遗数字教育平台，以网络课程、虚拟展览、远程研讨会等多种形式进行非遗跨境传播。利用这样一个平台来展示各个国家的非遗文化特色，并促进非遗传承人与学者之间以深度对话和协作的方式相互沟通与学习。

以国际非遗展览及论坛为契机，为世界各国的非遗交流搭建重要平台。在国际非遗展览会上，各国可结合本国独特的非遗项目，以图文并茂的形式进行实物介绍及现场表演等，展现本国非遗的独特之处。以专题研讨会和学生论坛的形式，深入交流、探讨非遗保护与传承策略，增进相互认识与借鉴，并在此基础上为非遗传承人及学者提供相互切磋的机会与平台。

还可借助互联网技术建立网上平台，以整合全球非遗资源，并借助远程传播和网上学习来推广非遗。这一网上平台可向用户提供形式多样的非遗展示内容，比如，有各国际组织与机构针对非遗推出的相关网上学习课程，以提供给全球学习者便利的学习机会。

（三）促进产学研用融合

推进产学研用融合是促进非遗数字教育、培训的关键所在。将产学研用深度融合，使非遗与现代技术相结合，以推动非遗的创新与发展。具体地说，可以加强与企业、大学、科研单位的合作，共同开发非遗数字化产品与技术，增强非遗的传承与传播效应。

以产学研用一体化的实践为背景，在培养非遗人才、促进非遗与现代产业融合发展的同时，高校可与企业合作建设校外实训基地，并积极引进国际优质教育资源，促进学科发展和专业发展。建立有利于非遗保护与传承的培养机制和培训制度，增强非遗传承人的业务能力，提高其相关知识、技能水平。运用数字化手段对非遗传统技艺等进行记录、保护，这对非遗传承有重要意义，也为后世的学习与参考打下坚实基础。学校也要重视非遗的保护与传承工作，以培养学生兴趣与认同感的方式让非遗得到更好的传承与发扬。

第六章　非遗文化数字产业发展

第一节　非遗数字产业的定位与发展战略

一、非遗数字产业的定位

（一）创新的非遗保护和传承平台

非遗数字产业的首要定位是成为创新的非遗保护和传承平台。随着数字技术的飞速发展，传统非遗的保护和传承方式正在发生深刻的变化。数字技术以其记录精度高、传播广泛、永久保存等独特优势，为非遗保护提供了新的解决方案。非遗数字产业利用虚拟现实、增强现实、人工智能等先进技术，将非遗的精华数字化，以更加生动、直观的形式呈现在世人面前。这种创新的非遗保护和传承方式，不仅有效避免了非遗随时间推移逐渐消失的风险，还通过数字化手段实现了非遗的动态传承，让古老的文化遗产在现代社会焕发出新的生机与活力。

例如，故宫博物院利用数字化手段对馆藏文物进行高清扫描和3D建模，在"数字故宫"平台上对非遗瑰宝进行在线展示。"数字故宫"平台的创建不仅使非遗得到了更有效的传播，还通过增强受众的参与性和体验感，为非遗的传承、发展注入了新的动力，因此也被认为是非遗保护和传承的创新方式。从故宫博物院的事例中可以看出，数字化手段在非遗的保护和传承中扮演着重要的角色。

（二）文化创意产业新引擎

非遗数字产业既是非遗保护和传承的平台，也是文化创意产业的新引擎。在数字技术的推动下，非遗与现代设计、时尚元素等相结合，产生了一系列特色鲜明的文创产品。这些产品不仅满足了人们对美好生活的追求，也为非遗的传承和发展开辟了新的路径。非遗数字产业整合产业链资源，推动非遗文化与创意设计、数字媒体、文化旅游等产业深度融合，形成以非遗文化为核心的文化创意产业集群。

以湘绣为例，湖南省湘绣研究所以数字技术为依托，成功主办了新媒体直播挑战赛，将传统的湘绣技艺与现代的直播形式相结合，吸引了大批的年轻观众，也提高了湘绣知名度与美誉度，带动了相关产业链的发展，为地方经济注入了新的生机与活力。所以，可以说湖南省湘绣研究所以数字技术为手段进行的创新营销是非常有借鉴意义的。

（三）国际文化交流的纽带

非遗数字产业作为国际文化交流的桥梁，发挥着重要作用。在经济全球化背景下，非遗作为各国文化多样性的重要组成部分，具有独特的国际交流价值。非遗数字产业通过数字化手段，跨语言、跨文化传播非遗，打破地域和文化界限，促进不同国家和地区的文化交流。这种国际文化交流不仅有助于增进各国人民之间的了解和友谊，也促进了世界文化的繁荣。

二、非遗数字产业的发展战略

（一）加强数字基础设施建设

数字基础设施是非遗数字产业发展的基石，是支撑整个产业高效运行的关键。加快建设全面、高效、稳定的数字网络体系，保障非遗资源数字化采集、存储、加工和传播的顺利进行。这包括提高网络带宽、优化网络结构、加强网络安全保护等措施，为非遗数字产业提供坚实的网络支撑。

加大非遗数字资源库建设力度，开展非遗资源全面、系统的数字化馆藏整理工作。这包括建立非遗项目数据库、传承人数据库、技能展示数据库，实现非遗资源的全面覆盖和深度挖掘。推进各级非遗信息资源数据库互联互通，打破信息孤岛，实现资源共享和协同创新。

加强非遗数字档案和非遗网站平台建设，为公众获取非遗数字资源提供便捷渠道。通过构建功能齐全、使用方便的数字化平台，实现非遗的在线展示、教育普及和互动传播，进一步扩大非遗的传播范围和影响。

（二）推动数字内容创新

数字内容创新已经成为非遗数字化发展的核心动力，这是随着数字时代的发展而不断满足群众日益增长的文化需求而产生的必然结果。深入挖掘非遗内涵和价值，从中提炼出独特的文化元素和符号，为数字内容的创作提供丰富的素材和灵感，在内容上不断推陈出新。

对非遗内容进行数字化创作时，不断探索数字技术的应用，如利用虚拟现实、增强现实、人工智能等技术进行沉浸式、互动性的非遗体验场景打造，以打破传统展示方式的局限，使公众对非遗有更直观的认识与感受，从而增强公众对非遗文化的认同感。从内容上做到传承、创新非遗并融入现代元素，从形式上对非遗进行数字化改造。还应鼓励跨界合作和创意融合，将非遗与现代设计、时尚元素等相结合，打造具有时代感和创新性的数字内容产品。这些产品不仅满足了大众的审美需求，也为非遗的传承和发展注入了新的活力。

（三）建立多元化的沟通渠道

传播渠道的多样化是扩大非遗数字产业影响的关键所在，这是随着数字时代的发展而愈加显得重要的一点。充分利用互联网和移动媒体在传播上的优势，建立线上、线下相结合的非遗传播体系，借助各媒介平台进行广泛而快速的非遗传播，从而有效地扩大非遗在数字经济中的影响力，并且在数字经济中传承好非遗。与主流媒体加强合作，利用电视、广播、报纸等传统媒体，加大非遗宣传力度，扩大非遗影响范围；结合文化节、展览等活动，搭建非遗交流、展示平台，吸引人们广泛参与和支持活动，让更多人关注和认识非遗，以使非遗得以传承与发扬。另外，注重拓展国际传播渠道，将我国优秀的非物质文化遗产通过参与国际文化交流活动、举办非遗展览等形式向全球传播。这既能提升中华文化在国际上的影响力，又能促进各国、各地区文化的交流。

（四）加强人才队伍建设

人才是非遗数字产业发展的首要资源，因此必须加大高素质、专业化的非遗数字化人才队伍建设力度。培养与引进非遗数字化人才，为此可设立专项资金。另外，还可提供奖学金等多种资助，吸引更多的优秀人才加入非遗数字化事业，同时要注意激发人才潜能。

与高等院校、职业研究机构加强合作，共同开展非遗数字化人才培养。开设非遗数字化相关专业和课程，并实施非遗传承人培养计划等，通过多种途径培养一批既了解非遗文化又熟练掌握数字技术的复合型人才。注重培养非遗数字化人才实践、创新能力，为非遗数字产业发展提供强有力的人才支持。

（五）完善政策、法律法规

完善政策、法律法规是非遗数字产业发展的制度保证，对非遗数字化工作的规范、有序发展有促进作用。应加大非遗数字化的法律保护力度，明确非遗数字化的法律地位与责任主体，为非遗数字化工作提供强有力的法律支撑与保障。对非遗数字化工作进行完善，对有关政策和标准做出进一步的修订；对非遗数字化工作目标和要求进行明确；对非遗数字化工作流程和标准进行进一步的规范；对非遗数字化进行有效的监督和考核，确保其高质量和效益的实现。加大非遗保护力度，建立比较完善的非遗保护制度，对非遗进行登记、管理、保护，加强对知识产权的保护，使人们创造的成果能够得到法律保护，从而激发人们的创新活力。

（六）促进产业融合发展

产业融合发展是非遗数字产业实现可持续发展的重要途径。在数字时代背景下，非遗与现代产业的融合发展已成为必然趋势。推进非遗与旅游产业深度融合，开发非遗旅游线路，打造非遗旅游景区，将非遗元素融入旅游产品，丰富旅游产品的文化内涵，提升产品附加值。

第二节　非遗数字产业链与价值链的深入剖析

一、非遗数字产业链

（一）数字化收藏与加工

非遗数字产业链的起点与基础是数字化收藏与加工。这一阶段的主要工作是全面、系统地数字化非遗资源，将其转化为方便后续处理、保管、利用的数字化形态。非遗数字资源既能对非遗的原始形态进行完整保存，又能为后续的加工与创作提供丰富的材料。

数字化收藏主要依托高清照相、摄像、3D扫描、录音等现代高科技手段，全方位、多角度记录非遗项目。比如，在非遗数字化保护项目中，对非遗传承人的技艺展示过程采用摄影、摄像技术进行记录，对非遗相关文献资料采用图文扫描技术进行保存，对非遗作品的三维形态采用3D扫描技术进行还原。这些采集到的原始资料，为后续的非遗数字产业链打下基础。

数字化加工是对收集的原始数据进行整理、编辑、压缩和编码的过程，以便对这些数据进行更好的存储、管理和利用。将非遗资源通过数字化处理技术，变成方便在数字化平台上展示和传播的图像、音频、视频、3D模型等标准化数字化格式。同时，对非遗资源进行深入挖掘和分析，运用数据挖掘、人工智能等技术提取非遗文化元素和符号，为后续创意开发和产品设计提供素材、启发。

（二）创意开发和产品设计

以数字化收藏、加工为基础，非遗数字产业链已经步入创意开发和产品设计阶段。这一阶段的核心是将非遗资源与现代设计理念相结合，开发出富有创新性和市场竞争力的非遗产品。

设计师主要依靠创新能力和对非遗的深刻理解，开展创意开发活动。设计师应对非遗的内涵与价值进行深入挖掘，并从中提炼出文化元素与符号，使之与现代设计理念相融合，从而设计出既具有传统韵味又符合现代审美要求的方案。如能运用非遗图案、色彩等元素进行现代家居设计、时装设计、珠宝设计等，以打造具有独特魅力的非遗产品，使非遗产品在文化传承中起到举足轻重的作用。

产品设计是将设计方案转化为具体产品形式的过程。这一阶段需要考虑产品的功能性、美观性、实用性等多方面因素，确保产品能够满足市场需求和消费者期望。在产品设计过程中，还需要注意应用数字技术，如利用虚拟现实、增强现实等技术，增强产品的交互性和体验性。

创意开发和产品设计是价值创造的关键。现代设计师运用现代的设计理念和技术手段，把非遗元素融入现代产品中，以创造出既有传统魅力又符合现代审美潮流的新产品，既能满足市场需求，又能提高非遗的知名度和影响力。

（三）生产

生产是非遗数字产业链上的重要环节之一。这一阶段的主要任务是将设计好的非遗产品转化为现实存在的实物产品，并进行批量生产。生产依靠先进的生产技术和设备，在保证产品质量和效益的同时，对生产过程进行严格的规范化管理，如在非遗服装的制作过程中，要求使用高精度的裁剪和缝纫技术以及环保的染料和面料来保证服装的舒适性和美观性，也要保证服装制作流程的规范化，使之符合严格的标准和要求。

随着数字技术的发展，越来越多的非遗产品开始采用数字化的生产方式，如利用 3D 打印技术来快速创建非遗产品的原型或部件，利用智能制造技术来实现非遗产品的个性化定制和批量生产。这些数字化的生产方式在提高生产效率和产品质量的同时，大大降低了生产成本，缩短了生产周期，在保护和传承非遗方面具有十分重要的意义。

（四）营销、传播和消费

非遗产品的营销、传播与消费是非遗数字产业链的最后一个环节。这一阶段的主要任务是把产品推向市场，并通过有效的营销和传播手段来吸引消费者的关注和购买。把产品推向市场是向消费者销售非遗产品的重要方式，也是保护文化遗产的一种重要途径。

提高非遗产品的市场知名度和影响力，需要对多种媒介渠道及营销方式进行充分利用。在精心策划的各种营销活动中，吸引更多的消费者关注非遗产品，激发他们的购买欲望和消费热情。另外，在大数据技术和人工智能技术的辅助下，对消费者进行精准定位和个性化推荐，使营销效果得到进一步提升，使销售转化率得到提高。

消费是非遗数字产业链的最终目的和归宿，是非遗产品转化为经济价值和社会价值的重要途径。消费者的反馈意见是帮助非遗数字产业链不断优化、完善的重要依据。因此，在非遗产品营销、传播过程中，要注意与消费者进行互动和沟通，及时收集和处理消费者的反馈意见。这样才能更好地满足市场需求和消费者的期望，促进非遗数字产业链的发展。

二、非遗数字产业价值链

（一）价值创造

挖掘和转化非遗的独特性和价值是非遗数字产业价值链的起点，也是整个产业链的核心动力。在这一阶段，需要深入挖掘和体现非遗的价值，使之转化为具有市场竞争力的数字化产品和服务，从而使非遗得到更好的传承与弘扬。

（二）价值传递

价值传递是非遗数字产业价值链中的重要环节，关系到非遗如何有效触达目标受众，产生积极影响。在这一阶段，数字平台、新媒体渠道以及线上、线下相结合的营销方式发挥了重要作用。

数字平台已成为非遗价值传递的重要载体。通过建设非遗数字博物馆、网络展览平台和数字收藏交易平台，非遗在更大范围内得到展示和传播。这些平台不仅为用户提供了便捷的访问方式，还通过互动体验、社交分享等功能增强了用户的参与感和认同感。

新媒体渠道为非遗的传播注入了新的活力。利用新媒体平台发布与非遗密切相关的内容，可以迅速激发广大用户的兴趣和热议，进而催生出热门话题，扩大非遗传播范围。同时，这些平台为用户提供了个性化广告精准推送与数据分析服务，为非遗数字产业提供了一定的市场洞察信息，助力其更好地制订非遗传播策略，实现精准传播。

线上、线下相结合的营销方式也是传达非遗文化价值的有效途径。通过组织非遗体验活动，举办非遗节日和展览，吸引更多的人参与其中，亲身体验非遗文化的魅力。这些活动不仅提升了人们的体验，也给非遗数字产业带来了更多的商机和合作资源。

（三）价值分布

价值分布是整个产业链可持续发展的重要保障，是非遗数字产业价值链中价值分配的终极一环。在这一阶段，产业链上各环节的主体对利润和资源按照各自的贡献进行合理的分配。

非遗传承人通过对非遗的传承和创新，为数字产业提供了宝贵的素材和灵感。所以，要充分考虑其在价值分配中的权益，确保其能够获得预期收益。

作为非遗数字产业的重要支撑力量，数字化平台和技术服务提供者也要合理分配利益。他们通过提供数字化收藏和加工、创意设计和制作等方面的技术服务，为非遗数字化改造升级提供有力支持和服务。所以，要在价值分配的过程中充分考虑他们的投入和贡献，这样才能保证经济效益稳定，从而获得发展的动力。

政府和社会各界作为非遗保护和传承的重要推动者，在参与价值分配的过程中，也起着举足轻重的作用。政府可以出台相关的政策法规，对非遗数字产业的发展进行扶持和引导。社会各界为非遗数字产业的发展提供捐赠和赞助，既有利于促进非遗的传承和创新发展，又有利于实现非遗数字产业价值链的良性循环和可持续发展，从整体上促进非遗的保护与传承。

第三节　多元化的非遗数字产业商业模式与盈利模式

一、多元化的非遗数字产业商业模式

非遗数字产业蓬勃发展，正通过其多元化的经营模式和盈利模式，为传统文化的传承、创新注入新的活力。下面从电商平台模式、"非遗+"融合模式、数字化创新模式、数字非遗经济平台模式四个方面阐述该领域的多元化探索与实践。

（一）电商平台模式

电商平台模式是非遗数字产业中直观、有效的商业模式之一。通过搭建专业的非遗电商平台，非遗产品直接面向消费者，实现非遗文化的市场化、商业化运作。这种模式不仅打破了地域限制，让全国乃至全球的消费者都能方便地购买到非遗产品，还通过线上展示、直播销售、短视频推广等手段，极大地提升了非遗产品的曝光度和销售额。以敦煌丝巾为例，产品既保留了传统工艺的精髓，又融入了现代设计元素，通过电商平台销售，深受消费者喜爱。电商平台模式不仅给非遗传承人带来可观的经济效益，也为非遗文化的传承和发展提供了强有力的资金支持。

（二）"非遗+"融合模式

"非遗+"融合模式是非遗数字产业的又一亮点。该模式通过与其他非遗相关产业的深度融合，创造了新的业态和价值链。如"非遗+旅游"模式，创新性地联结了非遗项目与本地丰富的旅游资源，打造出独具魅力的文化旅游线路与体验项目。这一模式不仅丰富了旅游产品的文化内涵，也让非遗在旅游中焕发新生，给游客带来难忘的文化之旅。"非遗+教育"模式也是近年来兴起的一种新型整合模式。将非遗纳入教育体系，不仅为学生打开了通往传统文化宝库的大门，还可以激发他们对非遗的兴趣和热爱。这一模式将培育出更多热衷于非遗保护与传承的青年才俊，为文化的传承与发展注入新的活力与希望。

（三）数字化创新模式

数字化创新模式是非遗数字产业中很有生机和创造力的部分。该模式运用现代数字技术对非遗进行数字化记录、保存、传播和创新。比如，运用虚拟现实技术和数字动画技术，将非遗元素融入现代娱乐产品中，拓宽了非遗传播的渠道。通过数字化创新模式，在非遗节目表演中运用VR技术和直播等数字化营销渠道，吸引大量观众。还可以应用非遗元素，生产一系列的文创产品，在实现非遗创新发展的同时，实现非遗商业价值。

（四）数字非遗经济平台模式

数字非遗经济平台模式是一种全面、先进的商业模式。这种模式既包括网上销售、展示非遗产品，也涵盖非遗文化传播、教育等。通过打造文化艺术、社交、交易、服务平台，实现产品消费、文化传播、真相追踪等要素的有机结合。如2024年"乐动敦煌·如意甘肃"非遗文创展示窗口及销售平台投入运营，不仅展示了大量敦煌文化创意产品，让用户在购物的同时能对敦煌文化有深入的了解，还为用户提供了丰富的敦煌文化资源和教育课程。这种平台模式极大地推动了非遗的传承与发展。

二、非遗数字产业的盈利模式

非遗数字产业的盈利模式呈现出多元化的特点，给非遗带来了可观的经济效益。下面从产品销售收入、服务收入、版权收入、广告和赞助收入等方面详细阐述非遗数字产业的盈利模式。

（一）产品销售收入

产品销售收入是非遗数字产业直接的、主要的盈利模式。随着消费者对传统文化认识和兴趣的不断提高，非遗产品以其独特的文化魅力和手工艺价值受到市场的青睐。非遗产品可以通过电商平台、社交媒体、直播销售等多种渠道广泛传播和销售。这些产品包括传统手工艺品、艺术品、文化创意产品等。它们既保留了非遗的精髓，又融入了现代设计元素，以满足不同消费者的需求。例如，在某电商平台上，非遗传承人带货销售额大幅增长，非遗产品销售额也有所增长。这种销售模式不仅给非遗传承人带来了直接的经济效益，也推动了非遗文化的市场化和商业化进程。

（二）服务收入

服务收入是非遗数字产业不可缺少的组成部分。随着消费者对文化体验和文化服务需求的增加，非遗服务成为新的增长点。这些服务包括非遗技能培训、文化体验活动、定制旅游线路等。通过提供非遗技能专业培训，非遗传承人可以将他们的技能传授给更多的人，并从培训费用中获得收入。文化体验活动和定制旅游线路，让消费者亲身体验非遗的魅力，提升非遗的知名度和影响力。例如，一些非遗村落和景区通过举办非遗文化体验活动，吸引大量游客前来参观、体验，从而带动当地旅游经济的发展。

（三）版权收入

在非遗数字产业中，版权收入是一种相对隐蔽但前景广阔的盈利模式。非遗作品具有知识产权，其版权价值不容忽视。非遗传承人可以通过版权授权、版权转让等方式，将其作品转化为经济效益。例如，一些非遗作品被制作成数字产品、影视作品、游戏等，并通过版权销售获得了可观的收入。此外，一些非遗传承人通过版权合作、推出联合产品等方式与知名品牌、设计师等进行合作，拓展了版权收入来源。这些合作不仅提高了非遗的知名度和影响力，也给非遗带来了更多的商机和经济效益。

（四）广告和赞助收入

广告和赞助收入是非遗数字产业中一种重要的间接盈利模式。随着非遗影响力的不断扩大，越来越多的品牌和企业开始关注和参与非遗传播。与非遗项目、传承人合作开展广告、赞助活动，发挥非遗文化的独特魅力，提升品牌形象和市场影响力。例如，一些非物质文化遗产节、展等吸引了大量观众和媒体的关注，为品牌和企业提供了宝贵的曝光机会。另外，一些电商平台也通过为非遗产品提供广告位、推广资源，获得广告收入。这些广告、赞助收入不仅为非遗项目提供了资金支持，也促进了非遗文化与商业的深度融合。

第四节　政府对非遗数字产业的政策扶持与市场培育

一、政策扶持

（一）法律法规建设

法律法规是非遗数字产业健康发展的基石。为了促进非遗数字产业的规范发展，我国出台了一系列相关法律法规。《中华人民共和国非物质文化遗产法》是继《中华人民共和国文物保护法》之后，我国文化领域的又一部重要法律。它于 2011 年 6 月 1 日起施行。这部法律明确了非物质文化遗产的定义、保护原则、保护措施和法律责任，为非遗数字产业的发展提供了法律保护。此外，国家不断完善《中华人民共和国网络安全法》《中华人民共和国数据安全法》等与数字产业相关的法律法规，为非遗数字产业的数据安全、隐私保护等提供了法律支持。

在法律法规建设方面，我国既注重完善国内立法，又积极参与国际合作，推动非遗保护的国际法律体系建设。

（二）资金支持

资金是发展非遗数字产业的重要保证。政府通过多种途径对非遗数字产业给予资金支持。国家设立了国家非物质文化遗产保护专项资金，对非遗项目的调查、记录、保存、传承、传播等给予资金支持。此外，政府还以政府采购项目的方式对非遗数字产业给予资金上的支持，鼓励企业加大投入。

政府在财政支持上同样重视资金的精确配置和绩效管理，建立了科学的资金分配机制和绩效评价制度，保证资金真正用于非遗数字产业发展。政府在资金使用的监督和审计上也加大力度，做到有法必依。政府在财政支持上保证了资金使用的合规性和有效性。

（三）人才培养

人才是非遗数字产业发展的关键。因此，政府对非遗数字产业人才培养给予了高度重视，并对制订专项培养计划、建立实训基地、举办培训班等进行重点扶持。经过培训的一大批非遗数字化专门人才，既有扎实的非遗知识，又有先进的数字技术和市场运作能力，对非遗数字产业的发展起到了关键作用。

政府也非常重视大学和研究机构在人才培养方面的作用。政府通过产学研合作培养人才等多种形式，促进非遗数字产业与高等教育、科研的深度融合。另外，政府也鼓励非遗传承人参与人才培养。他们可通过师徒传授技艺的方式，将非遗的精华传给下一代，使之得到更好的传承与发扬。

（四）宣传和推广

对非遗数字产业进行宣传、推广，以扩大其影响，引起社会重视。对非遗数字产业的发展，政府通过各种渠道和方式予以推动。如利用传统媒体（如电视、广播、报纸）以及新媒体平台（如网络平台、社交媒体）发布非遗数字产业的最新动态和成果；组织非遗文化节、展览、研讨等活动，吸引市民参与活动、体验非遗；推动非遗数字产业国际化，加强与国内外文化机构的交流与合作。

对于市场主体的作用，政府在非遗数字产业宣传、推广上也是有所强调的。政府鼓励企业通过政策引导和市场机制调节，加大对非遗数字产业的宣传、推广力度，提升非遗数字产业的知名度和美誉度。为确保宣传、推广活动真正有效，政府也加强了对宣传、推广工作的监督、指导。

二、市场培育

（一）搭建平台

为丰富非遗的表现形式，让更多人更加便利地接触非遗，我国政府在促进"数字故宫"建设的同时，积极构建非遗数字产业平台，为非遗的展示、传播、交易提供广阔的空间。"数字故宫"项目以非遗数据库和数字博物馆为基础进行建设，并利用虚拟现实和增强现实等先进技术，给观众带来身临其境的非遗文化体验。

政府也鼓励和支持电商平台设立非遗专区，为非遗产品提供网上销售渠道。通过电商平台，可以使非遗产品更广泛地接触消费者，扩大非遗产品的市场覆盖面，提升销售额。在市场定位和非遗产品优化方面，电商平台的数据分析能力提供了强有力的支持。在非遗产品的推广和销售上，电商平台已经成为重要的渠道。

（二）推动跨界合作

为拓展非遗应用领域和市场空间，政府积极推动非遗数字产业与其他产业的跨界合作进行。非遗数字产业可以与设计、时尚、旅游等相关领域的行业进行合作，开发具有创新性和市场潜力的非遗产品，如将非遗元素融入现代服装设计、家居装饰、文创产品等，既保留非遗文化的传统精髓，又符合现代审美和市场需求，既能提高非遗产品的附加值，又能促进相关产业链的延伸，因此这种跨界合作使非遗得到了新的生命。

为了加快非遗数字化、智能化发展，促进非遗传承与创新人才的培养，政府部门还大力扶持非遗数字产业与科技、教育领域的跨界合作。通过跨界合作，开展非遗数字化技术相关课题的研究，开设非遗相关课程。这些跨领域的合作不仅为非遗的传承与发展注入了新的生机与活力，还有力地促进了非遗与现代社会的深度融合。

（三）引导消费

为促进非遗产品的制作和推广，政府实行了以政策支持为主的市场推广办法。具体地说，就是给予非遗产品一定的税费优惠及财政扶持，促进非遗的商业化和产业化发展，促进非遗产品制作和营销，对非遗数字产业的发展起到促进作用。

（四）知识产权保护

在市场培育非遗数字产业方面，知识产权保护是不可缺少的一个环节。政府通过加大知识产权方面的立法和执法力度，对非遗数字化传承及创新发展给予有力支持。第一，要建立健全的非遗知识产权登记认证体系，把好非遗知识产权认定关；第二，要加大知识产权保护力度，对已拥有的非遗知识产权给予有效保护；第三，要发挥注册认证制度的作用，为非遗传承人及相关企业提供法律支持与保护。还要加大非遗知识产权执法监管力度，对侵犯非遗知识产权的行为进行严厉打击，对市场秩序进行维护。建立完善的知识产权保护制度和执法机制，为非遗的数字化传承与创新发展创造良好的市场环境。同时，要加大力度进行知识产权国际交流与合作，促进非遗的知识产权跨境保护与合作发展。通过这些努力，使非遗得到更好的保护、传承与发展。

第五节　非遗数字产业与其他产业的融合发展

一、非遗数字产业与旅游业的融合

（一）创建非遗旅游线路

从近几年开始，各地以丰富的非遗资源为依托，打造以地方特色为主的非遗旅游线路，这些旅游线路成为吸引游客的亮点。这类旅游线路往往将非遗项目与自然景观、文化历史相结合，力求为游客提供全方位的旅游体验。以山东为例，17 条非遗特色旅游线路，把山东特有的非遗技艺与当地的自然风光和民俗文化相融合，使其成为山东的新标志，通过科学的规划设计，在旅游行程中巧妙地融入了非遗元素，使游客在游览的同时对非遗有了深刻的认识与体会。

（二）开展非遗体验活动

各地纷纷举办了丰富多彩的非遗体验活动，旨在让游客亲身参与非遗传承的过程，增强他们的参与感和体验感。这些活动不仅涵盖了传统技能的展示与互动教学，还巧妙地融入了现代科技手段进行辅助展示，给游客带来了别开生面的非遗盛宴。如合肥市非物质文化遗产保护中心，利用周末的时间，定期举办非遗主题系列活动，邀请市民用视听的方式感受非遗。参观者可以在现场亲身感受传统技艺，如葫芦烙画、徽帮裁缝技艺，亲身感受非遗特有的韵味。此外，部分景区还利用虚拟现实、增强现实等技术，创造出身临其境的非遗体验场景，使游客能够体验虚拟环境下的非遗。

（三）开发非遗文创产品

开发非遗文化创意产品是发展非遗数字产业和旅游产业的重要内容之一，以创意设计和市场运作相结合的方式将非遗元素融合到现代生活用品和旅游纪念品中，既能满足旅游者的购物需求，又能有效地进行非遗传承与传播。例如，以"烟台城市礼品"为目标，在包装设计的独特魅力与内容创意的深入挖掘上双管齐下，为烟台打造出一系列有代表性的非遗文化创意礼品，以点带面地促进非遗的保护与传承，为烟台的城市发展注入新的文化动力。文创产品既有实用的功能，又有美观的外表，同时蕴含着丰富的文化底蕴和地域特色，因而成为广大旅游者争相购买的热门商品。

二、非遗数字产业与电商平台的融合

（一）拓展网络销售渠道

电商平台提供了打破传统销售模式局限的非遗销售的新渠道。通过电商平台开设网店，非遗传承人或相关企业可将非遗产品直接销售给消费者。这种网上销售模式在降低销售成本、提升销售效率的同时，使销售市场得到了拓展。据统计，近年来通过电子商务平台进入全国乃至全球市场的非遗产品越来越多，销售额呈逐年上升趋势。比如，某电商平台有汇聚众多非遗产品的非遗专区，提供给消费者丰富的选择。

非遗数字产业积极探索与社交媒体、直播平台等新媒体融合。非遗传承人通过短视频、直播等形式，将技艺展示出来，在网络上讲故事，吸引大量的粉丝并将其转化为消费者。这种"内容＋电商"的模式，在提升非遗产品曝光度的同时，增强了消费者的购买意愿，提升了消费者的忠诚度。比如，一些非遗传承人通过短视频平台发布展示绝技、展示作品的短视频，吸引了大批非遗爱好者的关注，他们纷纷购买产品。

（二）打造非遗品牌

电商平台为非遗品牌化提供了有力支持。有赖于电商平台的数据分析和用户分析功能的运用，非遗传承人或企业对市场需求和消费行为有准确的认识，从而在产品创新和品牌建设方面有了更大的作为。在品牌建设过程中，把非遗元素巧妙地融入产品设计和市场推广活动中，塑造有独特文化魅力的品牌形象，从而对非遗传承和创新起到促进作用。在保护和传承非遗中，发挥电商平台的作用是大有作为的，在当前社会发展进程中具有现实意义。

为使非遗得到更好的传播，并扩大非遗影响力，很多非遗传承人或商家积极参与电商平台组织的各类市场推广活动，如"双十一""618"等活动的折扣促销及限时抢购；同时利用电商平台提供的各种广告资源及社交媒体渠道，提高品牌曝光率及美誉度，从而在竞争激烈的市场中增强自身竞争力。无论是非遗传承人还是商家，在市场推广活动中都要以消费者需求为中心，在传承好非遗的基础上，借助现代传播媒介进行品牌塑造与宣传。

电商平台与非遗传承人或企业通力合作，以打造有市场竞争力的非遗品牌。比如，对非遗产品的设计进行以知名设计师和艺术家为主的提升，对非遗产品运用自身渠道优势和营销资源进行全方位的市场推广，并利用自身资源为非遗品牌提供全方位的推广支持，使其在市场上具有更强的竞争力。

（三）实现线上、线下互动

将非遗数字产业与电商平台相结合，既有利于拓展线上销售途径，又通过线上、线下互动的方式将更多的非遗呈现给消费者，从而促进消费者更多地参与非遗传承和推广，也增强消费者的认同感和体验感。例如，发挥电子商务的优势，为促进非遗保护与传承添砖加瓦；以网络活动为引子，以非遗产品预定与推广为手段，丰富线下消费体验，对非遗保护与传承起到推动作用。可在电商平台上举办非遗主题的网上展览活动，还可以把消费者引到线下的场馆去参观、体验，既以网络活动的方式丰富消费者的体验，也促进非遗保护与传承工作的开展。

线下非遗场馆及传承人也能利用电商平台进行网上推广与互动，如在非遗场馆内设置二维码导航及网上购物等功能区域，方便消费者在参观过程中随时扫码了解非遗文化的相关知识并购买非遗产品。非遗传承人可通过电商平台进行在线交流与问答等互动，以加深消费者对非遗文化的认识，增强他们的参与感。

三、非遗数字产业与教育产业的融合

（一）开展非遗在线教育

互联网的普及和在线教育的兴起，促使非遗数字产业开始主动进行在线教育模式的探索，力求为学习者提供更便捷、高效的学习途径。在线教育平台以录播视频课程的形式，使非遗技能教学从线下转到了线上，并结合现场授课与在线互动等多种形式，突破地域和时间的限制，使学习者在任何时间、任何地点都可以通过互联网进行学习，对非遗的历史渊源、技术特点和文化价值等有更深入的了解。例如，部分高校与研究机构利用自身在非遗研究方面的优势，为促进非遗保护与发展，开发了一系列以网络课堂为基础的非遗在线学习资源，并通过 MOOC（massive open online courses，即大型开放式网络课程）平台向全球学习者开放。这些在线学习资源既包括非遗技能的详细介绍和演示，又包括文化解读、历史背景介绍等内容，使学习者可以对非遗文化有比较全面、系统的了解。在线教育平台还为学习者提供了学习进度跟踪、作业提交、在线答疑等功能，使学习者在学习过程中能够有良好的学习体验和学习效果。

（二）建设非遗研究与学习基地

非遗研究与学习基地是非遗数字产业与教育产业融合的又一重要形式。通过建设集展示、体验、教学于一体的非遗研究与学习基地，为学习者提供良好的学习环境和丰富的实践机会。该研究与学习基地通常包括非遗展示区、体验活动区、教育区等多个功能区，通过实物展示、技能演示、互动体验等方式，让学习者亲身体验非遗文化的魅力。例如，一些地方政府与企业共建的非遗研究与学习基地，不仅展示了具有地方特色的非遗项目，还为学习者提供了非遗技能传承的培训和体验活动。学习者可以在专业导师的指导下，用自己的双手创作非遗产品，体验非遗的精湛、独特技艺。非遗研究与学习基地还定期举办非遗讲座、工作坊等，邀请非遗传承人、专家、学者分享经验和知识，为学习者提供全面、深入的学习体验。

（三）推广非遗教育理念

非遗数字产业与教育产业的融合还表现在非遗教育理念的推广上，以促进非遗的传承与发展。通过加强非遗教育和普及，提高全社会对非遗的认识和重视程度，对传承和发展非遗具有十分积极的作用。教育部门可以把非遗纳入学校课程体系中，开设非遗课程或举办非遗专题活动，使学生在学习过程中对非遗有深入的了解和体会。另外，举办非遗节日、展览、竞赛等，也可以激发学生对非遗的兴趣和热情，从而在全社会对非遗的保护和传承中发挥更加积极的作用。

目前社会各界对非遗教育理念的认识有待加强，对非遗的宣传报道力度有待提高，要把非遗传承人的故事介绍给更多的人，把非遗的技术特点展示给更多的人。企业要把具有非遗元素的产品和服务推向市场，把非遗文化引向产业化发展的轨道。社区组织好非遗体验活动，让更多的人在日常生活中感受到非遗的魅力，从而在全社会营造对非遗共同关注、支持的良好氛围。

四、非遗数字产业与创意产业的融合

（一）创作非遗主题作品

非遗数字产业与创意产业的融合，主要表现在非遗主题作品的创作上。创意产业以它特有的创新思维和表现方式，将非遗包含的元素融入各类作品之中，从而创造出既有非遗传统魅力又有现代性的文化产品。这些产品涉及音乐、舞蹈、影视等各个领域，以创新的艺术形式和表现手法向大众呈现非遗，使非遗得到生动、形象的展现。例如，在视觉艺术领域，许多艺术家在应用数字技术基础上，结合非遗的图案、色彩等元素，利用现代设计理念，创作出风格独特的非遗主题绘画、雕塑等作品，在展现非遗独特魅力的同时，体现了现代艺术的创新精神。在音乐领域，将非遗的音乐元素融入现代音乐作品之中，使音乐作品具有浓郁的地方特色和民族风情，给听众带来全新的听觉感受，将非遗传承下去并发扬光大。总之，在艺术领域，把非遗融入现代艺术中，既可以让传统文化得到新的展现形式，又可以为现代艺术注入新的生命力。

（二）创建非遗知识产权

非遗数字产业和创意产业的融合，也在非遗知识产权的打造上得到了体现。知识产权是文化产业的核心要素之一。将非遗的独特魅力和价值，通过创建非遗知识产权，转化为具有市场影响力、商业价值的文化品牌。这既能推动非遗传承与发展，又能带来更多创意产业的商业机会与经济利益。

创意产业深入挖掘非遗文化的内涵与价值，提取有代表性、唯一性的文化元素，在打造非遗知识产权的过程中，将这些文化元素转化为有市场竞争力的文化产品。例如，一些文创企业设计的文化衍生品，如时尚、实用的日用品、服饰、饰品，运用非遗元素，深受消费者喜爱。

非遗知识产权能够拓展到影视、游戏、动漫等多个领域，形成文化产业链。值得指出的是，在创建非遗知识产权方面，既要重视知识产权的保护和合理利用，又要在保护非遗的基础上，通过合理的商业模式和运营策略，使非遗知识产权的商业价值得到充分挖掘与发挥。在创建非遗知识产权的过程中，既要建立和完善相关保护机制，又要把合理运用商业手段作为重要一环加以考虑。

（三）拓展非遗产业链

非遗数字产业与创意产业的融合，也促进了非遗产业链的延伸。传统上，非遗产业链以技艺传承、产品制作为主，但融合现代创意产业打破了这一局限，将非遗产业链拓展到更广的领域。涵盖研究、挖掘和组织非遗的产业链向上游延伸。通过加强非遗的学术研究和历史考证，使非遗的传承与发展有了更加坚实的理论基础和学术支撑，非遗的传承与发展为非遗数字化、网络化传播提供了有力支撑，利用数字技术收集、整理和保护非遗资源。非遗产业链也向下游延伸，涉及非遗产品从设计到生产再到销售和推广的所有环节。非遗数字产业与现代创意产业相结合，使非遗产品能够以更多样化和个性化的形式呈现在广大消费者面前。比如，有非遗传承人与设计师进行合作，以传统的技艺结合现代设计思路，开发出有独特魅力、市场竞争力的非遗产品，对非遗产品的销售与推广进行新的尝试，以促进更多消费者认识并接受非遗文化。

第六节　非遗数字产业的国际竞争与合作

一、国际竞争

（一）文化独特性竞争

在经济全球化浪潮中，非遗数字产业的国家间竞争首先体现在文化独特性的展示上。每个国家都有独特的非遗资源，它们是民族文化的重要载体，是一个国家文化软实力的重要组成部分。在数字化进程中保持和突出非遗的独特性，成为各国非遗数字产业竞争的关键。

中国作为一个历史悠久、文化灿烂的国家，拥有丰富的非遗资源。在数字化的过程中，中国注重发掘和呈现非遗文化的独特魅力。通过高清成像、虚拟现实、增强现实等现代技术，充分展示非遗的精湛工艺、深厚底蕴、独特魅力。这种对文化独特性的深入探索和细致呈现，不仅增强了国内民众的文化自信，也引起了国际社会的广泛关注和好评。其他国家也在积极推动非遗数字化的进程，将本国独特的文化底蕴展现在世人面前。比如，日本充分利用数字博物馆等形式进行非遗资源的数字化；韩国在应用数字技术的基础上，将传统音乐与现代音乐元素相结合，将具有鲜明民族特色的传统音乐作品推陈出新。各国在非遗传承和创新方面的积极尝试，在彰显本国文化独特性的同时，为世界非遗保护工作的开展做出了贡献。

（二）数字科技创新大赛

非遗数字产业的国际竞争还表现在数字技术的应用创新上。随着科技的飞速发展，数字技术越来越广泛地应用于非遗的保护、传承和创新上，以促进非遗的传播，增强非遗的影响力，这在国际竞争中产生了举足轻重的作用。谁能更好地运用数字技术进行这方面的创新，谁就能在竞争中占据有利地位。

中国在网络技术创新方面取得了举世瞩目的成就，运用大数据技术、云计算、人工智能等先进技术，实现了非遗资料搜集、加工、分析、应用的全链条数字化，使非遗数字产业得到了长足的发展。举例来说，部分非遗项目以数字化平台为依托，对非遗技能进行精确记录与科学管理；并且以虚拟现实技术为依托，使观众可在家中进行身临其境的非遗技艺体验，既提高了非遗传播的实效性，又增强了广大受众的参与性以及体验感，也起到了传承、弘扬非遗的作用。

为非遗保护和应用，其他国家在数字技术方面也在进行不断的创新和尝试。比如，一些欧洲国家用 3D 打印技术来复制和修复传统手工艺品；美国将社交媒体与短视频平台作为推广非遗的工具，吸引了大量年轻受众的关注和参与。数字技术的应用为非遗传承和发展注入了新的活力和动力，也让人们看到了传统文化与现代科技相结合的良好前景。

（三）市场份额竞争

非遗数字产业的国际竞争最终表现为市场份额的竞争。随着全球文化市场的不断扩大和消费需求的日益多样化，非遗数字产品的市场需求也在不断增加。谁能更好地满足消费者需求，扩大市场份额，谁就能在国际竞争中获得更大的发展空间和商业价值。

中国非遗数字产业在市场份额竞争中表现优异。通过不断创新产品形态、丰富产品内容、提升用户体验，中国非遗数字产品在国际市场上赢得了广泛的认可和好评。例如，一些非遗文化创意产品以其独特的文化内涵和精湛的设计手法赢得了海外消费者的青睐。同时，通过电商平台和跨境电商渠道拓展海外市场，中国非遗数字产品的国际影响力不断提升。

其他国家也在积极扩大非遗数字产业的市场份额。例如，一些发达国家利用其在数字技术、品牌运营、市场渠道等方面的优势，推动非遗数字产品的国际化；同时，通过参加国际展会、组织文化交流活动等方式，提升品牌知名度和美誉度。这些努力体现了各国在非遗数字产业市场份额竞争中的积极态度和坚定决心。

二、国际合作

（一）共同推进非遗事业发展

随着经济全球化的深入发展，非遗的保护与传承已不局限于个别国家或地区，而成为国际社会共同肩负的责任与使命。国际协作在促进非遗保护与传承中起着举足轻重的作用，这一点在近几年得到了越来越多的证实。许多国际机构与政府机构以及非政府组织通力合作，以各种形式进行国际交流与合作，通过展示非遗的独特性来提高全球公众对非遗的认识和重视程度，从而使人们更加深入地了解和传承宝贵的文化遗产。从这一点来说，在经济全球化的大背景之下，非遗的传承与弘扬，不仅是各个国家的责任与义务，也是全球公众共同的责任与义务。

例如，在联合国教科文组织的推动下，定期组织申报和评审《人类非物质文化遗产代表作名录》，以鼓励各国积极申报和展示本国独特的非遗项目，并通过设立"国际非物质文化遗产日"来促进各国在非遗保护领域的沟通与合作。除此之外，联合国教科文组织还组织有关非遗的培训和交流项目，以加强各国之间的交流与合作，促进非遗的保护与传承。一些国家的双边或多边合作项目也不断涌现。比如，我国同法国在非遗保护与传承方面进行合作，这对增进两国人民之间的相互了解与友谊起到了促进作用，对非遗的国际传播也起到了有效的推动作用。

（二）协同开发非遗数字产品

非遗数字产品在数字技术迅猛发展的今天，成为国际合作的新热点。通过数字化手段，能够以生动、便捷的方式，向全球受众呈现非遗，开辟了非遗保护与传承的新路径。在发展非遗数字产品方面，国际合作扮演着至关重要的角色。通过国际合作，不仅可以汇集各国在数字技术、创意设计等方面的优势资源，也能推动非遗文化与现代科技深度融合。以"南京传统工艺非物质文化遗产虚拟展示"项目为例，该项目由南京某大学艺术学院牵头联合国内外多家机构共同开发。以"ZHI艺"非物质文化遗产虚拟展示平台为基础，将南京绒花、金箔、云锦等传统手工艺非遗项目进行数字化改造，并以高清大图、口述历史视频等多种形式进行展示，成功对传统非遗技艺进行数字化记录与传播，为世界观众提供了一个视觉窗口，使大家对南京非遗有了深入的了解。其实在世界范围内有很多类似的项目，通过国际合作，共同推进了非遗数字产品的创新和发展。

（三）加强知识产权保护

在非遗数字产业的国际合作中，知识产权保护是一个不可忽视的重要问题。非遗数字化成果的知识产权保护直接关系到非遗的可持续发展和国际合作的顺利进行。因此，各国在加强非遗数字产业国际合作的同时，应重视知识产权保护的国际合作。

从近几年开始，国际社会在非遗知识产权保护方面有了长足的进步：一方面，各国加强国内立法，完善非遗知识产权保护的法律体系；另一方面，国际社会在非遗和知识产权保护领域加大了交流与合作力度，如世界知识产权组织等国际组织积极推动对非遗知识产权保护国际规则的制定与完善工作，为各国开展非遗知识产权保护合作提供了有力支持，一些国家的双边或多边协议也涉及非遗知识产权的保护，如对非遗数字产品的国际流通与传播给予法律保护，这些努力使非遗保护得到了更多国际关注。

（四）促进国际文化交流

国际合作发展非遗数字产业，既有利于传播和推广非遗，又能促使国际文化交流深入发展。运用数字化手段促进各国非遗的全球交流，突破了地域上的限制，增进了各国的文化认识和相互认同，为世界文化多样性的发展注入了新的活力，这是随着社会发展而日益需要重视的一个重要课题。在国际非遗交流中，国际合作起着重要的桥梁与纽带作用。

各国通力合作，举办各类非遗展示与交流活动，共同为非遗的展现与交流搭建一个广阔的平台。各国还以互派非遗方面的专家与学者、相互交流和考察的方式，促进非遗保护与传承经验的相互分享和借鉴。另外，一些国际组织也积极推进非遗国际交流、合作项目的开发与实施，为促进非遗的国际传播提供有力支持。

第七章 非遗文化数字赋能案例分析

第一节 非遗文化数字赋能成功案例

一、安徽徽州木雕数字化传承

（一）徽州木雕数字化传承的背景

随着数字技术的飞速发展，非遗的保护与传承迎来了新的机遇。国家高度重视非遗数字化工作，出台了《"十四五"文化发展规划》《非物质文化遗产数字化保护 数字资源采集和著录》等一系列政策文件。安徽省积极响应国家号召，依托徽州文化丰富的资源和深厚的底蕴，将徽州文化的数字化推广作为非遗传承、发展的重要路径，旨在通过数字技术为徽州文化的传承、创新注入新的活力。作为徽州文化的重要组成部分，徽州木雕（图7-1）以工艺精湛、文化内涵深厚著称于世。但传统木雕技艺随着时代变迁，面临传承困难、市场萎缩的窘境。安徽省积极响应国家非遗数字化赋能政策导向，运用数字技术，为徽州木雕传承注入新活力，以保护和传承这一宝贵的非物质文化遗产。应用数字化手段，不仅能将徽州木雕的精湛工艺、独特风格记录、保存下来，还能拓宽木雕传播渠道，以实现动态传承非遗，吸引更多青少年的关注和参与。

图 7-1 徽州木雕
（作者拍摄）

（二）徽州木雕数字化传承的具体实践

徽州木雕数字化传承是系统工程，涉及数据采集与加工等多个环节。首先采用高清摄影与 3D 扫描等技术进行精确的资料收集；然后利用 3D 建模软件对收集到的资料进行加工、处理，以创建逼真的数字 3D 模型；最后该数字模型既能在电脑上显示与互动，又能为虚拟修复工作提供基础资料。该数字模型还能为后续的复制品制作提供依据。徽州木雕数字化传承，既需要技术的配套，又需要数据收集、加工、处理，还需要平台与系统的搭建，才能把徽州木雕这一传统技艺更好地传承下去，这是一项具有重要意义的工程。

在平台建设方面，安徽省积极建设徽州木雕数字传承平台，将各种资源，如数字模型、文献资料、教学视频，整合在一起，使之形成一个集展示、学习、交流于一体的综合平台，以方便用户对徽州木雕历史背景、文化内涵、技术特点等有深入的了解。平台还提供网上授课功能，邀请非遗传承人进行网上讲座，传授技艺。另外，平台还鼓励用户参与网上互动、讨论，分享创作心得与见解，营造浓厚的学习、创作氛围。通过这些努力，促进徽州木雕技艺的传承与发展，也促进安徽文化事业的发展。

（三）徽州木雕数字化传承的成果

数字化传承徽州木雕成效显著。传统木雕技艺传承面临的诸多难题，已通过数字化手段得到有效解决。非遗传承人通过数字化模型和教学录像等资源，向更多年轻人传授技艺和经验，避免技艺流失风险。数字化平台拓宽了木雕作品的传播渠道，让木雕作品被更多的人认识和欣赏，这一举措不仅促进了徽州木雕文化的普及，也在数字化传承的浪潮中，为徽州木雕的创新与发展注入了新的活力。非遗传承人在数字技术的支撑下，可以尝试将传统工艺与现代设计理念相结合，创作出新的作品，使作品具有当代的特点。数字化平台也为促进徽州木雕文化不断发展提供了广阔的创作空间，为设计师、艺术家等创意人才提供了合作的机会。

（四）徽州木雕数字化传承经验总结

徽州木雕数字化传承的成功实践为人们提供了宝贵的经验。政府的领导和支持是该项目成功的关键。安徽省政府高度重视非遗的保护和传承，通过制定相关政策，为徽州木雕数字化传承提供了有力支持。技术创新是推动非遗数字化赋能的重要动力。利用高清摄影、3D 扫描、虚拟现实等数字技术，实现了徽州木雕的精确记录和逼真再现，为徽州木雕传承提供了有力支持。跨界融合是拓展非遗数字资源应用领域的有效途径。徽州木雕与文化旅游、创意设计等相关产业的融合发展，不仅丰富了徽州木雕的表现形式和传播渠道，也为徽州木雕注入了新的活力。强调用户体验、互动、参与是增强非遗数字化赋能效果的关键。可通过构建全面的数字传承平台，强调用户体验。用户应用该平台，可以轻松获取必要的信息，并积极参与互动、讨论，增强对非遗的认同感。徽州木雕数字化传承的这些经验，对其他非遗的数字化传承具有重要的借鉴意义。

二、安徽寿州窑陶瓷制作技艺数字化保护

（一）数字化保护的背景

作为安徽省级非遗项目，寿州窑陶瓷制作技艺承载着丰富的历史文化。然而，随着时代的变迁和现代化进程的加快，这一传统技艺正面临传承方面

的困境。为有效保护和传承寿州窑陶瓷制作技艺，安徽省积极响应国家的政策引导，运用数字技术对寿州窑陶瓷制作技艺进行全面记录和数字化保护。这一举措旨在通过技术手段，使更多的人了解、欣赏寿州窑陶瓷，参与寿州窑陶瓷文化的传承，实现其动态传承和可持续发展。

（二）数字化保护的具体做法

对寿州窑陶瓷制作技艺进行数字化保护，涉及方方面面的工作，是一项系统、复杂的工程。为了对寿州窑陶瓷作品进行精确的数据采集和记录，运用高清摄影技术和 3D 扫描技术，对陶瓷作品进行三维建模，并运用虚拟现实技术将其转化为交互式数字模型，对生产工艺和材料配比等进行虚拟再现。在寿州窑陶瓷制作技艺数据库和数字平台上进行相关文献资料的收集和整理，使公众能够对寿州窑陶瓷文化有全方位的认识和了解，对寿州窑陶瓷制作技艺进行传承与传播，从整体上提升寿州窑陶瓷文化的保护、传承效率和效果。

安徽省还注重与高校、科研机构等进行合作，引进专业人才和技术力量来共同推进寿州窑陶瓷制作技艺数字化保护工作的开展，并就相关课题以专题讨论会、培训班等多种形式进行培训，从而提高非遗传承人、相关从业者的数字技能和业务水平，拓宽寿州窑陶瓷文化在媒体、互联网上的传播渠道，扩大其影响力，并借助这些合作，为保护和传承好这一具有独特历史传统的陶瓷制作技艺尽绵薄之力。

（三）数字化保护成果展示

寿州窑陶瓷制作技艺的数字化保护工作取得重要成果，运用数字化手段全面记录、保存了寿州窑陶瓷制作技艺，给后人留下了宝贵的文化遗产。数字化模型资料既为学术研究提供了重要依据，又能有力支持技艺的传承与再创造。数字平台的建设和运行为更多的人提供了近距离接触与了解寿州窑陶瓷文化的机会。公众可随时随地进入数字平台，对寿州窑陶瓷作品进行欣赏，了解其制作技艺的历史渊源和独特魅力。数字平台为传承与发扬陶瓷工艺提供了一条新的途径。数字平台还为用户提供在线互动功能，用户可在其中留言提问或分享自己的创作经验及心得，这有利于形成良好的互动氛围和社区文化，增强用户黏性和社区认同感，也有利于平台与用户之间的沟通和交流。

（四）数字化保护经验总结

数字化保护寿州窑陶瓷制作技艺的做法，是一种宝贵的经验。第一，政府的领导和支持对非遗数字化保护项目的成功具有重要作用。安徽省政府高度重视非遗的保护和传承，通过制定相关政策、投入资金等方式，对寿州窑陶瓷制作技艺数字化保护工作给予了有力支持。第二，推动非遗数字化赋能，技术创新是重要推手。寿州窑陶瓷制作技艺的精确记录和逼真再现，采用高清照相、3D扫描、虚拟现实等数字技术。第三，拓展非遗数字资源的应用领域，跨界合作是一条行之有效的途径。通过与高校、科研机构、媒体、互联网企业等多方面的合作，形成了资源共享、优势互补的良好局面。第四，提升非遗数字化赋能效果，关键在于强调用户体验、互动、参与。通过搭建全方位的数字化平台，为用户提供丰富的互动功能，增强公众的参与感，增强公众对寿州窑陶瓷文化的认同感，实现这项非遗的传承和可持续发展。这些经验对数字化保护其他非遗具有重要的参考价值。

三、乔家手工皮艺网络直播销售

（一）背景介绍

乔家手工皮艺作为承载着深厚历史文化底蕴的传统工艺，一度面临市场萎缩和传承困难的困境。数字经济的蓬勃发展，尤其是网络直播的兴起，给乔家手工皮艺的传承和发展带来了新的机遇。乔家手工皮艺传承人敏锐地抓住了机会，决定利用互联网平台，特别是短视频和直播，推广和销售自己的皮艺产品，开启了一段非遗数字化赋能之旅。

（二）实施策略

1. 平台选择和内容创新

乔家手工皮艺传承人首先选择了流量巨大、用户黏性强的短视频平台入驻。她很清楚，要想吸引年轻用户的注意力，必须在内容上进行创新。因此，她不仅展示了皮革制品的制作过程，还分享了皮革技艺背后的文化故事和历史渊源，让观众在欣赏精美作品的同时感受到传统文化的魅力。此外，她积极尝试与粉丝互动，回答他们的问题，甚至根据他们的需求定制专属皮革产品。这种个性化的服务增强了用户的参与感，提高了他们的满意度。

2. 直播营销和品牌建设

在创作短视频内容之外，乔家手工皮艺传承人对直播的实时性和互动性也进行了有效的运用，对皮具产品进行定期的市场推广与销售，在直播中除了对产品的材质、工艺特色等进行了详细的介绍外，还亲自演示产品的使用方法和保养技巧，使消费者对产品有更直观的认识。另外，她也针对不同的促销手段进行营销方案的策划与执行，如打折促销、限时抢购等策略性营销手段的推出与执行。对于品牌形象的塑造与提升，她也进行了相应的安排。

3. 供应链优化和产能提升

面对直播带来的大量订单，乔家手工皮艺传承人意识到需要优化供应链，提高产能，从而满足市场需求。她与原材料供应商建立长期合作关系，确保原材料质量和供应稳定；增加投资，升级生产设备，引进先进的生产技术和工艺，提高生产效率和产品质量。她还加强了对生产团队的管理和培训，提高了员工的专业素质。

（三）成果展示

通过一段时间的努力，通过网络直播销售的方式，乔家手工皮艺传承人的手工皮革艺术品销售成效显著。她的短视频账号迅速积累了大量的关注者，短视频和直播内容获得了广泛的点赞和转发，直播销量和交易额增加。

此举不仅给乔家手工皮艺带来了可观的经济效益，也提升了品牌知名度和影响力。更重要的是，乔家手工皮艺通过数字化赋能，成功吸引了更多年轻人的关注与喜爱，传承人为传承与发扬传统技艺注入了新的生机与活力。

（四）经验总结

作为成功案例的乔家手工皮艺，在网络直播销售中给予人们宝贵的经验和启迪。在数字技术日新月异的时代背景下，非遗的传承与发展必须紧跟时代发展的步伐，积极拥抱新媒体平台。把非遗呈现在以视频、直播为主的新媒体平台上，能让更多的人认识和热爱非遗，从而扩大非遗的影响力和市场空间。

在数字平台上创新内容是吸引用户眼球的关键。在展示非遗的内容上要力求内容多元化与趣味性，以满足不同年龄层次与不同兴趣爱好的用户的需求。优化供应链与提升产能是保证销售的基础。只有使产品质量与供应稳定得到保障，才能赢得消费者的信任，从而把品牌塑造成长远发展的重头戏。为使非遗得到更好的传承和发展，在品牌形象的塑造和推广策略上下功夫，以提高品牌知名度和美誉度。

四、面塑的数字化保护与传承

（一）数字技术的应用

面塑作为中国传统民间艺术的重要组成部分，以其独特的材料特性和精湛的工艺创造了无数生动的形象，深受人们的喜爱。但传统面塑作品受材料物理性质的限制，难以长期保存，存在传统技法失传的风险。为了有效地保护和传承面塑，可以应用数字技术。通过应用3D扫描、3D建模、虚拟现实、增强现实等先进技术，可以实现面塑作品的高精度数字化记录，实现作品的永久保存和数字化展示。应用这些技术，既保留了面塑作品的原貌和细节，又为面塑传承和传播提供了新的途径。

（二）具体实施案例

北京面人郎的第三代传人郎某，在面塑的数字化保护和传承方面进行了积极的探索。郎某自幼受家庭熏陶，对面团成形技术的传承与创新尤为热心，以面人郎为代表，进行面塑数字化的探索。具体地说，团队利用三维扫描技术获取面塑作品的三维数据，再利用三维建模软件对扫描数据进行处理与优化后，得到高精度的三维模型，既能在计算机上展示和共享三维模型，又可利用3D打印技术进行物理复制，在传承面塑的同时，为面塑的研究与发展提供了借鉴。郎某还结合了VR和AR技术，为观众提供了身临其境的观看体验，使观众仿佛置身于面塑作品创作现场，感受面塑艺术的独特魅力。

郎某积极探索面塑艺术的数字传播方式，在短视频平台上发布自己的面塑作品创作过程及成品展示视频，在多个文化机构和艺术展览上举办面塑艺术的数字展览及讲座，使面塑艺术的影响力与传播范围得到进一步扩大，为面塑艺术的传承与发展注入新的活力，让更多的人认识和欣赏面塑艺术。

（三）成果展示

面塑艺术的数字化保护与传承取得了明显成效。一方面，数字技术使面塑作品得以永久保存和广泛传播。通过三维扫描和三维建模技术生成的三维模型可以永久保存在计算机中，并通过互联网共享和传播。3D打印技术可以实现面塑作品的物理复制和快速生产。这些技术不仅解决了传统面塑作品难以长期保存和复制的难题，还为面塑传承和传播提供了更为便捷、高效的途径，同时大大提高了面塑艺术的知名度和影响力。另一方面，数字传播手段也使面塑艺术得到了更广泛的认知和应用。数字化保护与传承不仅使面塑艺术得以长期保存和传承下去，还使其在当今的科技时代得到了更好的展示和发展。将面塑作品相关的内容通过短视频平台、社交媒体等新媒体发布出去，可以快速吸引大量受众的关注和讨论。同时，可以与文化机构和艺术展览合作，举办一些数字展览和讲座，从而扩大面塑艺术的受众群体和影响范围，让更多的人了解面塑艺术的魅力。

（四）经验总结

面塑艺术数字化保护与传承的成功案例，为人们提供了宝贵的经验和启示。第一，这些案例凸显了数字技术在非遗保护和传承中的核心作用。全面记录和永久保存非遗资源，可以通过应用数字技术实现。第二，数字化的传播方式引领更广泛的人群深入了解并热爱非遗，从而推动非遗的传承与发扬，这也是我国传统文化传承的一项重要内容。第三，非遗的传承与发展的核心在于创新。在非遗数字化保护与传承的过程中，要不断探索适应时代变迁与受众需求的新技术、新方法，力求在非遗作品创作中融入更多时代元素，满足观众喜好，同时不忘传统技艺的精髓，实现现代审美与传统艺术的和谐共生。第四，对非遗传承和发展来说，交流与合作非常重要。通过与文化机构、艺术展览、媒体平台的合作，汇聚更多的资源和力量，携手共促非遗的传承与繁荣。

五、"AI 数字皮影"系列数字藏品

（一）案例介绍

2022 年，山东省艺术研究院联合济南皮影戏传承人、数字艺术品平台，成功推出全球首个由 AI 打造的数字皮影戏产品，并且进行线上销售。这一创新举措是由山东省艺术研究院承担的国家社会科学基金艺术学重大项目的阶段性成果。运用科技助力艺术生产、表演与传播的研究是山东文化艺术研究领域的重大突破。这一系列数字收藏品以济南皮影戏《西游记》中的经典人物为原型。通过人工智能技术，自主学习和模拟传统皮影的着色技巧和人物的视觉形象，最终呈现出既保留传统魅力又具有现代科技感的数字化皮影作品。

（二）技术应用

山东省艺术研究院数字赋能实验室在"AI 数字皮影"系列数字藏品的制

作过程中发挥了至关重要的作用。该实验室团队从 arXiv 数据库发布的用于图像风格转移的风格化神经绘画算法中获得灵感，允许人工智能对传统皮影戏着色技术进行深度学习和模拟。这项技术不仅大大提高了数字藏品制作效率，还使数字皮影戏作品具有了独特的艺术风格。人工智能的自主学习和创作，使每个人物的配色显得和谐而富有创意，实现了对传统皮影艺术的高度还原和现代创新。

为吸引更多的年轻观众的加入，山东省艺术研究院在数字馆藏汉字的命名上也做了大胆创新。该研究院把传统的汉字名与现代的网络俚语相结合，比如，把"猪八戒"改叫"二弟"，并为它起了个英文名"Edy"。

（三）市场反应

皮影艺术系列数字藏品一经问世，便在消费市场上引起了很大的反响，特别是吸引了一大批年轻消费者的高度关注与喜爱。人们通过网络平台购买、收藏皮影艺术系列中的一些影像收藏品，既满足了追求新鲜感的心理诉求，又加深了对中国传统文化的认识。皮影数字藏品的顺利发行，不仅带来了丰厚的经济利益，也为非遗传承提供了有力支持，还为促进经济发展做出了贡献。

推出由 AI 数字皮影构成的数字藏品系列，为非遗的传承与传播开辟了一条新的渠道。同时，具有可复制性和易传播性的数字藏品，使更多人有机会接触并认识这一优秀的传统文化，在传承非遗方面具有十分积极的意义。这也说明了互联网技术的发达与运用。互联网技术以难以想象的方式拓展了非遗的受众范围，也为今后的文化传承与发扬提供了一条具有借鉴意义的思路。

（四）经验总结

数字皮影系列由 AI 技术助力而成，给人们带来了宝贵的经验与启发。科技与文化深度结合，是促进非遗传承、发展的一种重要动力。以数字技术为基础，进行非遗数字化保存与创新性传承，使古老的文化遗产焕发出新的生机与活力。

创新是非遗得以传承、发展的关键，是"AI 数字皮影"系列数字藏品制作过程中的一个关键要素。山东省艺术研究院在作品命名、设计等方面的大胆尝试也吸引了不少年轻观众的欣赏与喜爱。这种勇于开拓的创新精神，是值得借鉴的。在传承好已有非遗的基础上，应以创新为先导。

市场需求的导向作用对非遗的传承与发展有重要意义。在开发数字藏品过程中，山东省艺术研究院充分考虑到了年轻消费者的需求和喜好，从而使产品的市场竞争力和受众接受度都得到了很好的保证，这从一定意义上说明了市场需求是开展非遗传承工作的一个不可忽视的导向性因素。

多方协作是促进非遗传承、发展的重要途径之一。在"AI 数字皮影"系列数字藏品的制作和市场推广过程中，山东省艺术研究院、济南皮影传承人、数字艺术品平台等通力合作。数字艺术品平台与山东省艺术研究院以合作模式对项目进行从资源整合到协同效应的发挥，对非遗的保护与传承起到了一定的促进作用。多方合作模式既有利于发挥各自优势，又能形成工作合力，推进非遗的保护与传承取得实效。

六、杭州十竹斋木版水印技艺的数字化探索

（一）技艺的数字化呈现

杭州十竹斋木版水印工艺以雕工精湛、色彩表现独特著称。但是，传统技艺的传承往往受制于时间、空间以及传承人的数量等因素。杭州十竹斋积极拥抱数码科技，将木版水印工艺数字化，以打破这一瓶颈。十竹斋的木版水印作品，通过高精度扫描、3D 建模、VR、增强现实等先进技术的应用，实现了数字化再现，既保留了原作的细腻质感和色彩层次，又赋予作品全新的观赏方式和交互体验。

具体地说，十竹斋与多家科技公司合作，打造高精度 3D 数字模型，以数字扫描和建模经典木版水印作品。随后，利用 VR 技术，观众可以戴上 VR 头显，清晰地看到从选材、雕刻到印刷的艺术品创作的全过程。同时，AR

技术的应用，让观众可以在实体作品中简单地叠加历史背景、创作故事等虚拟信息，使用智能手机或平板电脑等移动设备，大大丰富观展体验。

（二）市场的广泛拓展

十竹斋木版水印技艺被数字化了，这不但带来了技术上的突破和创新，而且为木版水印作品开拓了更广阔的市场。随着数字收藏品的兴起，十竹斋迅速抓住了这个机会，将经典作品转化为数字收藏品进行销售。每个数字收藏品都有独特的身份和所有权，基于区块链技术，其真实性和稀缺性的特点迅速吸引了大批年轻收藏家及爱好者的目光。收藏者通过购买和收藏数字收藏品，既加深了对传统文化的认识，又增进了对非遗传承与发展的认识与重视。十竹斋借助数字技术，让更多的人有机会对木版水印这一传统而富有历史底蕴的美术与工艺进行了解与欣赏。

十竹斋对与"互联网+"相结合进行不断摸索，将数字收藏品与实体经济融合在一起。十竹斋将木版水印元素融入现代设计，以互联网为媒介，以传统艺术市场为依托，以市场化运作为导向，以丰富品牌内涵、提升市场形象为目的。

（三）文化传播的深度和广度

十竹斋木版水印技艺经过数字技术的数字化赋能，在文化传播深度和广度上都有了很大的提高，使更多的人能够通过互联网和社交媒体等途径来认识和欣赏十竹斋经典作品及其创作过程。跨国界的传播方式既扩大了受众群体，又提高了非遗的知名度与影响力，使非遗在世界范围内得到了更多的认同与重视。

数字技术也促使木版水印技艺得到进一步传播。人们可以利用VR/AR技术对木版水印技艺进行深度的了解和学习，了解作品的文化内涵及创作背景。身临其境的体验也增强了人们的参与感与认同感。另外，十竹斋也举办网上展览、讲座、工作坊等，邀请专家、学者、传承人分享知识和经验，进一步促进非遗的普及。

（四）经验总结与未来展望

　　杭州十竹斋木版水印技艺的数字化，给人们以富有价值的参考和启迪。一是数字技术运用在非遗传承中起着举足轻重的作用。二是应用数字技术对传统技艺进行准确记录与快速传播，对于有效进行非遗保护与传承意义重大。三是应用数字技术，实现对非遗的深入挖掘与传承。扩大市场是促进非遗可持续发展的关键。创新非遗应用模式，使非遗与现代产业相衔接，既能在经济利益上取得丰收，又能从社会效益上得到更多好处。这也为非遗传承人创造了更多的发展机会和收入来源，同时有利于提高广大民众对非遗的认识和重视程度，增强人们的文化自信。对非遗的保护和传承而言，既要着眼于文化传播的深度与广度，又要重视教育与普及工作的开展，以培养更多具有传承和守护非遗意识的年轻人。

　　随着数字技术的发展，十竹斋木版水印技艺的数字化探索将展现出蓬勃生机。通过数字技术的强大助力，越来越多的非遗项目能够实现传承与创新的双重驱动，从而促进中华优秀传统文化的繁荣与发展。同时，期望数字技术的不断进步，给非遗今后的发展带来更多的可能，为中华优秀传统文化的发扬光大贡献力量。

第二节　国际非遗数字赋能的做法与启示

一、法国拉斯科洞穴壁画的数字化保护

（一）背景与做法

　　拉斯科洞穴壁画作为人类艺术史上最早的绘画记录之一，有 15 000 年左右的历史，其艺术价值和文化意义不言而喻。然而，长期的自然侵蚀和人为干扰对这些珍贵壁画的保存构成了严重威胁。为了保护这一不可再生的文化遗产，法国政府和国际专家团队采取了一系列数字保护措施。

专家团队利用高精度三维激光扫描技术对拉斯科洞穴壁画进行了全面、细致的数字化处理，不仅记录了壁画的每一个细节（包括它的颜色、纹理和构图），还保证了数据的准确性和完整性。基于这些数据，专家团队创建了高精度的 3D 模型，并在虚拟环境中进行了多次仿真和修复实验，以探索最佳的保护方案。

法国政府还在数字化保护的基础上，建造了拉斯科（国际洞穴艺术中心）等多个洞穴复制品供民众参观。这些复制品通过先进的声光技术和互动设备，在再现原始洞窟景观和壁画的同时，给观众带来身临其境的观景感受。展馆内还设有互动数字银幕及播放史前洞窟艺术纪录片及世界洞窟壁画的沉浸式戏院，以进一步提升观众对非遗的认识。

（二）启示

法国拉斯科洞窟壁画的数字化保护实践给世界各国非遗的保护工作带来了重要的借鉴意义。数字技术给文化遗产的保护工作带来了全新的思路与途径。采用高精度的扫描和建模技术，通过全面记录与精确修复的手段，为后续的文化遗产保护和研究工作打下了坚实的基础。数字技术还能打破时间与空间的桎梏，使更多的人能够接触并了解宝贵的文化遗产，从而促进文化的传播。

法国拉斯科洞窟壁画的数字化保护实践将技术与文化紧密结合起来，在保护过程中既重视技术的运用，又充分考虑到文化遗产的历史价值与人文意义，因此采用合理的展示方式使公众在欣赏壁画的同时可以对其历史文化内涵有深入的了解和认识；通过科技与文化的跨界融合，不仅使文化遗产得到较好的保护与传承，也使广大公众在参与文化遗产保护中增强了认识。科技与文化的深度融合在文化遗产保护中发挥了举足轻重的作用。

二、日本和纸艺术的数字化推广

（一）背景与做法

日本和纸艺术作为历史悠久、文化底蕴深厚的非遗项目，在传承与创新方面一直面临挑战（图7-2）。随着信息技术的飞速发展，日本政府和民间组织开始积极探索和纸艺术的数字化推广之路。这一举措的背景是，市场对传统纸艺的需求逐渐减少，年青一代对传统艺术的兴趣减弱。同时，新媒体和数字技术的普及为和纸艺术的传播提供了新的可能。

图 7-2 日本和纸艺术

日本采取了各种措施来推动和纸艺术的数字化推广。利用高清扫描和数字建模技术，将珍贵和纸艺术品的收藏和储存数字化，确保这些文化遗产的永久保存。发展虚拟博物馆、在线展览等数字展示平台，让全球观众通过互联网欣赏和纸艺术的魅力。日本还积极推动和纸艺术与数字媒体和创意设计的融合，开发具有现代审美价值和实用价值的纸文化创意产品，如纸灯、纸文具等，以吸引更多年轻消费者的关注。

日本在和纸艺术数字化推广过程中，特别强调传承与创新的结合，既要通过数字化手段记录与展示传统和纸艺术的制作过程，使更多的人了解这一非遗项目，又通过鼓励设计师和艺术家将和纸艺术元素融入现代设计中，以创造出既具有传统和纸艺术魅力又有现代美学特征的新作品，为和纸艺术注入新的活力。在和纸艺术数字化推广过程中，传承与创新相结合，不仅促进了和纸艺术的发展，还使其更具现代性。

（二）启示

日本的和纸艺术数字化保护与推广，能够给人们一些启示。传承、创新非遗，应用数字技术是重要手段。通过数字化手段，为非遗传承与发展提供有力支持，实现非遗深入挖掘、永久保存、广泛传播。在传承非遗精髓的基础上，积极探索非遗与现代设计、数字媒体等领域的融合，创作出具有现代特色的新作品，推动非遗数字化推广，让非遗在现代社会焕发出新的生机与活力。政府、民间组织和企业应该共同努力。政府在资金、技术等方面给予支持，应制定相关政策；民间组织开展非遗数字化推广的多元化活动，发挥自己的优势；企业在产品开发中融入非遗元素，实现企业经济效益和社会效益双赢，这是企业应积极参与的一项重要工作。

三、韩国传统舞蹈的数字化记录与传播

（一）背景与做法

韩国传统舞蹈作为非遗，承载着丰富的历史文化和民族精神（图 7-3）。然而，随着现代化进程的加快，韩国传统舞蹈面临传承困难、观众流失等挑战。为了应对这些挑战，韩国政府和文化机构正在积极探索应用数字化手段，以促进传统舞蹈的记录和传播。

图 7-3　韩国传统舞蹈

　　韩国采取了多种措施。第一，以高清摄像、3D 扫描技术为基础，对各角度的传统舞蹈表演进行数字化记录，保证精确捕捉舞蹈动作以及保留细节。这些数字资料既为舞蹈研究提供了十分宝贵的资料，又为今后的传统舞蹈传播、教学打下坚实基础。第二，韩国以网络博物馆、虚拟展览等数字化平台为依托，将传统舞蹈的数字化内容呈现在世界观众面前。全球观众可以通过网络平台随时随地欣赏韩国传统舞蹈特有的艺术魅力。第三，韩国还以传统舞蹈数字化教学资源为基础，开发了一系列教学资料和互动课程，以帮助学习者更好地掌握传统舞蹈技能以及文化知识。韩国在数字化传统舞蹈教学资源的开发和应用上，探索出一条具有自己特色的途径。

　　特别要注意的是，在韩国传统舞蹈的数字化记录与传播中，传统与现代得到了很好的融合，在保留与传承传统舞蹈精髓的同时，通过数字化手段积极引入虚拟现实及增强现实等现代技术，使传统舞蹈得到新的展示与传播方式的注入。无论是运用 VR 技术，还是运用 AR 技术，进行舞蹈表演的呈现，观众的观看体验都得到了很大的提升。如应用 VR 技术，观众能够完全投入舞蹈表演，感受到舞蹈的韵律及气氛。将 AR 技术运用到舞蹈表演中，使虚拟的舞蹈元素叠加在真实场景中，为观众提供更加丰富多彩的观看体验。

（二）启示

韩国传统舞蹈的数字化记录和传播实践为人们提供了宝贵的经验。应用数字技术作为非遗传承、创新的关键途径，正发挥着不可替代的作用，不仅能够实现非遗的全面记录，还能长久保存和广泛传播非遗，为文化的绵延发展提供有力支持。非遗数字化传播应注重传统与现代的融合。在传承非遗精髓的基础上，积极引入现代科技元素，创新传播方式，提升传播效果，使非遗与现代生活更加紧密地联系在一起，吸引更多年轻人关注和参与非遗传承。政府、文化机构和社会各界应共同努力，推动非遗数字化记录和传播。政府应制定相关政策，提供资金和技术支持；文化机构要发挥专业优势，开展丰富多彩的数字化活动；社会各界要积极参与，共同为非遗的传承和发展贡献力量。

第三节　案例中的挑战与应对策略分析

一、挑战分析

（一）技术挑战

1.高精度数据采集与处理技术

对非遗进行数字化保存时，高精度数据采集是首先需要解决的一个技术难题。对于具有精湛技艺的非遗项目，要想捕捉并保留非遗的每一点细微之处，就必须在数据采集上运用高精度的测量和3D扫描技术。但这些技术实际应用的成本和操作复杂度较高。在数据处理中保证数据准确、完整、不丢失也是一大挑战。对像徽州木雕这样具有艺术特性的非遗项目进行数据采集时，要应用高精度图像处理技术来捕捉和还原色彩、纹理等细微特征。

2. 虚拟现实和增强现实技术

虚拟现实和增强现实技术的发展给非遗的展示和传播带来了新机遇，但是技术应用面临一些挑战。一是 VR 和 AR 技术的发展需要专业的技术团队和大量的研发投入，且技术更新换代迅速，因此需要不断进行跟进和学习。二是要设计出既保留非遗精髓又富有吸引力的 VR/AR 体验内容，从而吸引更多的用户，也是一个技术挑战。三是 VR/AR 设备的普及程度和用户体验如何，对这些技术的推广应用起着举足轻重的作用。综合起来看，在非遗的展示和传播中运用 VR/AR 技术，既需要对现有技术的不断探索和创新，又需要关注用户体验，在提升技术推广应用效果的同时，将非遗与数字技术相结合。

3. 大数据技术与人工智能应用

在非遗的数字化保护中运用大数据技术与人工智能技术大有可为，但也面临一定的技术挑战。比如，在面塑艺术的保护与传承中，利用大数据技术进行面塑艺术的创作模式与市场走向分析，是有一定难度的。运用 AI 技术进行辅助创作、智能推荐等，需要解决算法不断优化和数据隐私保护等问题。总体来讲，就是要使大数据技术与 AI 技术在非遗的数字化保护中发挥更大的作用。

（二）金融挑战

1. 初始投资多

进行非遗数字化保存往往需要有大量的初始投入，如设备的采购、技术的研发及数据的收集和处理，很多地方政府的财政压力较大。所以，筹集足够的资金来支撑项目的顺利实施是一个很重要的挑战。筹集资金的主要途径：向社会各界以各种方式募集经费，以项目本身为切入点自筹资金，以政府和银行的支持为依托进行融资，以其他方式为项目进行担保，等等。

2. 数字平台持续运行、维护

建成数字平台后，为保证平台的稳定运行和资料的安全保管，需要大量的人力、物力和财力进行持续的运行和维护。对很多财力有限的机构而言，平衡短期投资与长期利益是一个值得深思的问题。一些机构或个人可能出于眼前的某种考虑而对数字平台的投资很多，但长期持续运行和维护才是保证数字平台长期稳定运转的根本。如果缺乏必要的持续投入，数字平台的长期稳定运转就无从谈起。

3. 资金来源多元化

要想解决经费问题，就有必要对资金来源进行多样化探索。政府资助、社会捐赠、企业合作等方式都可以作为融资手段加以运用。另外，也可以从数字平台的商业价值出发，运用广告会员制度等达到盈利的目的。在为非遗项目的可持续发展提供经费保障的同时，为数字平台自身发展创造更大价值。

（三）市场挑战

1. 市场认知度和接受度

非遗数字产品往往面临一个相对陌生的市场。一些用户对传统文化了解不足、兴趣有限，可能导致非遗数字产品市场认可度和接受度较低。因此，在产品市场推广中，要加强传统文化的宣传教育，提高用户的文化素养和审美水平。同时，需要用创新的产品设计和营销策略来吸引用户的注意力。

2. 市场竞争与差异化

随着数字技术的普及和应用范围的扩大，非遗数字产品面临激烈的市场竞争。在众多产品中脱颖而出，实现差异化竞争，是非遗数字产品推广面临的挑战之一。这就要求项目团队在产品开发中注重创新和独特性，打造具有品牌影响力的产品。通过市场调研和用户反馈，不断优化产品功能和用户体验。

3. 商业模式和盈利模式

非遗数字保护项目需要构建可持续的商业模式和盈利模式，以保证项目的长期运营和发展。然而，在商业模式和盈利模式的探索中，存在着许多不确定因素，如市场需求的变化、技术的更新。要灵活应对市场变化和技术更新，不断调整、优化经营模式和盈利模式，确保项目的可持续发展。

二、应对策略分析

（一）技术策略

（1）加强技术研究与合作：把技术攻关作为一个重点来抓，不断提高数据的收集、加工、展示的技术水平；通过与高校、科研单位、企业等有效合作，共同攻克难关，促进技术创新工作开展，使技术能力不断增强。

（2）引进先进设备和技术：把好引进高精度测量设备这一关，大力引进3D 扫描技术、VR/AR 等先进技术，切实提高数据采集和处理的精确性和高效性。另外，也要时刻关注技术的发展趋势，适时引入新的技术和方法。在引进先进设备和技术的过程中，必须严把质量关，这对提高工作效率和质量具有重要意义。

（3）建设数字平台和数据库：建立非遗数字平台和数据库，实现数据的集中存储、管理和共享。通过数据挖掘和分析，深入挖掘非遗的文化内涵和艺术价值。

（二）资助策略

（1）多元化融资：通过加大政府资助力度、增加社会捐赠、加强与企业合作等多种方式，支持非遗数字化保护项目实施。企业可以以赞助或协同合作的形式，投入更多资源，参与项目开发。

（2）商业运营：对非遗数字产品进行商业运营的探索；通过提供数字服务和销售数字产品实现盈利；开发非遗数字藏品、数字博物馆等产品，吸引更多的用户购买非遗数字产品。

（3）成本控制和效益评价：重点抓好项目执行过程中的成本控制与效益考核，确保资金有效配置和项目的可持续发展。在资源优化配置的同时，提高资金运用效率，并降低成本。定期评价项目实施的效果，相应地调整与优化工程方案。

（三）传承策略

（1）加强对非遗传承人的培训：通过导师制、培训班等方式加强对非遗传承人的培训，确保传统技艺的有效传承。鼓励青少年参与非遗学习和实践活动，提高他们的文化素养和传承意识。

（2）加强文化认同：通过宣传、教育、文化活动等方式，增强公众对传统文化的认识和兴趣。例如，可以举办非遗展览、演出等活动，吸引公众的关注和参与；利用媒体平台，加强宣传，扩大非遗影响力。

（3）创新非遗传承方式：结合现代科技手段，创新非遗传承方式，使传统技艺更符合现代人的审美和需求。例如，应用数字技术，可以将传统技艺转化为数字产品，供用户欣赏；同时进行在线教学等活动，方便用户随时随地参与学习。

（四）市场策略

（1）准确定位目标市场：根据非遗的特点和市场需求，准确定位目标市场，制订有针对性的营销策略和推广计划。例如，针对文化旅游市场推出具有地方特色的数字旅游产品，同时，推出符合年轻用户审美和需求的非遗数字产品。

（2）提升产品质量和用户体验，确保数字产品符合市场需求和趋势。

第四节　案例的可复制性与推广性探讨

从安徽徽州木雕数字化传承、安徽寿州窑陶瓷制作技艺数字化保护、乔氏手工皮艺在线直播销售、面塑艺术数字化保护与传承、"AI 数字皮影"系列数字藏品、杭州十竹斋木版水印技艺数字化探索、法国拉斯科洞穴壁画的数字化保护、日本和纸艺术的数字化推广、韩国传统舞蹈的数字化记录和传播等例子中，可以分析出具有可复制性、推广性的几个方面经验和启示：

一、可复制性分析

（一）技术支持

（1）技术支持的标准化和模块化。这些数字化项目具有可复制性在很大程度上是由于技术支持的标准化和模块化。例如，徽州木雕的数字化传承依赖高精度的扫描技术和3D建模技术，这些技术在市场上广泛存在，为其他类似项目的复制提供了技术基础。此外，"AI数字皮影"系列数字藏品的开发，将传统艺术与AI技术相结合，展示了技术在文化传承中的创新应用，其技术路径也具有可复制性。

（2）技术创新的共享与借鉴。在技术支持方面，各案例项目之间仍存在技术创新的共享与借鉴。如杭州十竹斋木版水印技艺的数字化探索，可能借鉴了高精度扫描和色彩还原的经验，乔家手工皮革艺术品的在线直播销售可能借鉴了电商平台上其他非遗项目的营销策略。这种技术创新的共享和借鉴，既加快了技术应用的普及，又提高了非遗项目的可复制性。

（二）实施步骤

（1）制订明确的项目规划和执行流程。这些数字化项目的成功实施和具有可复制性的关键在于，它们都有明确的项目规划和执行流程。以安徽徽州木雕数字化传承为例，首先进行了详细的研究和规划，明确了数字化传承的目标、内容和方法；随后，通过高精度扫描和三维建模技术，完成木雕作品的数字化采集和加工；最后，通过线上展示与线下体验相结合，实现数字化传承的目标。这种清晰的项目规划和执行流程为类似项目的复制提供了参考。

（2）具备灵活适应和调整能力。这些项目在实施过程中也表现出项目组的灵活适应和调整能力。面对技术挑战、资金短缺或市场变化，项目组能够及时调整策略、优化方案，确保项目顺利进行。这种灵活性和适应性使项目在复制过程中能够更好地适应不同环境和条件。

（三）政策支持

政策支持在数字化项目的可复制性中起着重要作用。国家和地方政府近年来高度重视非遗数字化保护，相继出台了一系列相关政策文件和资金支持措施，从资金保障上给予数字化项目实质性支持，从税收优惠上也给予了一定的倾斜，对项目实施形成有力支撑，为数字项目的可复制性提供了有利的外部条件，促进了非遗的保护、传承。在政策支持方面，各案例项目的政策经验可供其他类似项目借鉴。

二、推广性分析

（一）成功经验

（1）技术与内容的深度融合。案例中数字文化遗产的呈现方式之所以能取得成功并且展现出很大的推广潜力，主要是因为它们是通过技术与内容的深度融合来实现的。例如，徽州木雕的数字化传承，运用了高精度扫描、3D建模、虚拟现实等多种现代技术，对非遗的精华部分进行数字化呈现，既保留了非遗的原汁原味，又赋予了非遗全新的生命力与能量，为其他非遗的数字化普及提供了宝贵的经验和参考。

（2）多渠道、多平台营销策略。为了成功营销，普遍采用多渠道、多平台战略。例如，乔家手工皮革艺术品的在线直播销售迅速积累了大量忠实用户，"AI数字皮影"的数字产品运用了区块链技术进行网上传播与推广。多渠道、多平台营销战略灵活多样的做法，为其他非遗进行数字化营销与传播提供了有益参考与启发。

（二）文化特色

（1）地域文化的独特呈现。本章案例分别展示了各自的地域文化的独特之处。例如，徽州木雕与寿州窑陶瓷以精湛的工艺和深厚的历史底蕴，吸引了无数目光。在以数字化方式来呈现和介绍这些文化遗产的同时，为其数字化推广增添了浓厚的文化色彩和吸引力，为人们了解并欣赏这些具有独特魅力的文化遗产提供了一条新的途径。

（2）增强文化自信。在数字化手段的帮助下，非遗既得到了更好的保护和传承，又能增强人们对自身文化的自豪感。例如，对徽州木雕技艺进行数字化推广，既能使更多的人了解其历史人文和艺术成就，又能唤起人们对徽州文化的热爱与向往，增强人们的文化自信。

（三）市场需求

（1）消费升级。人们对精神文化产品的需求随着生活水平的提高、消费观念的改变而不断增加。特别是在文化自信的驱使下，人们对传统文化的关注与热爱越来越多。非遗数字化有利于满足持续增长的市场需求。

（2）个性化和定制化需求增加。消费者对产品个性化和定制化的需求在数字化时代越来越强烈。本章的成功案例通过数字化手段，实现了非遗个性化展示和非遗产品的定制服务。例如，乔家手工皮艺线上直播销售，针对不同人群的个性化需求，提供多种款式、材质的手工皮具，让消费者自由选择。这种以消费者为中心的服务理念，为非遗产品的数字化销售与推广争取到了市场先机。

三、应对策略分析

（一）技术更新

（1）持续紧跟技术前沿。技术的飞速发展是非遗数字化保护和传承的要素之一。每个非遗保护和展示工程要时刻关注数字技术的前沿发展，如高精度测量、3D 扫描、虚拟现实、增强现实、人工智能技术。引入新技术，可以使非遗数字化保护和传承的精确性和实效性得到提高，使公众能够身临其境地感受非遗的价值与魅力。

（2）技术平台优化升级。建立稳定、高效的技术平台，是确保非遗数字化项目持续运行的关键之一，也是本章每个案例项目必不可少的一环。不断优化和升级技术平台，确保数据安全和可靠，增强用户体验。例如，非遗数字化项目可以运用云计算、大数据技术进行海量数据的存储、分析、处理，优化技术平台，给用户带来个性化、智能服务体验。

（3）培养和引进技术人才。技术人才短缺是制约非遗数字化保护和传承的重要因素。非遗项目可加强对技术人才的培养和引进，建立高素质、专业化的技术队伍；同时，加强与高校、科研机构等单位合作，共同开展技术攻关、创新，推动非遗数字化保护和传承技术不断进步。

（二）财务保障

（1）政府资金支持。非遗数字化保护与传承，政府资金功不可没。可通过申报文化产业发展基金等途径，积极争取政府资金支持。

（2）引入社会资本。非遗数字化保护与传承，除了政府拨款外，社会资本也是重要的经费来源。非遗项目可以和社会资本合作，在数字化保护和传承方面共同努力。比如，可以通过市场化运作，吸引企业投资，获得良性循环资金；或者发动社会各界参与，通过众筹等方式，数字化保护和传承非遗。

（3）探索可持续运营模式。为保证非遗数字化保护和传承的长期持续发展，对各具体项目而言，探索出可持续运营模式具有十分重要的作用。可持续经营方式有开发数字文化产品、提供定制式服务、与旅游产业等相结合、打造良性发展的产业链等。

（三）文化传承与创新

（1）深入挖掘文化内涵。非遗的数字化保护与传承是以深入挖掘和传承非遗的文化内涵为核心的。可对非遗项目进行研究，揭示非遗背后的历史故事、艺术价值和文化意义，并对非遗进行数字化呈现，从而加强广大受众对非遗文化的认识。

（2）创新传承方式。在非遗传承方式上，要积极探索出一条具有创新性的路径。可利用虚拟现实技术，实现人们对非遗的身临其境式体验；或者开发数字化游戏互动设备，使人们获得互动体验，感受非遗的魅力；将非遗元素与现代设计理念进行创新性融合，在产品的设计与制作方面，激发文化的创新与发展活力。

（3）强化教育功能。非遗的数字化保护和传承也应注重非遗的教育功能。可以通过与学校、教育机构等合作，将数字非遗融入课程或课外活动中，让年轻人通过学习和实践了解非遗、传承非遗。

（四）沟通与协作

（1）加强政府的指导和协调。政府要把在非遗的数字化保护和传承中所起的指导作用发挥出来，在各部门的协调、配合上多下功夫，通过制定相关的政策和发展规划来推进非遗的数字化保护和传承，使之取得实效。

（2）促进跨界合作。非遗的保护、利用与跨界合作是分不开的。要主动与国内外各大高校、科研单位、企业、社会团体加强交流、合作，合力促进非遗数字化保护和传承事业的发展。以跨界合作的方式实现各方资源的共享与优势互补，有力地促进非遗的保护与传承工作的开展。在数字化时代，加强对非遗的保护和传承，才能更好地弘扬中华优秀传统文化。

（3）加强国际交流与合作。文化遗产是全人类的共同财富。应积极参与国际交流与合作，借鉴国际先进经验和技术手段，推动非遗数字化保护与传承的国际发展。通过国际交流与合作，扩大非遗的影响和传播范围，提高非遗的国际认可度和美誉度。

第八章　AIGC 在非遗文化保护中的应用方案

第一节　AIGC 技术与非遗文化保护的交汇点

一、数据采集与分类整理

在探索人工智能生成内容（artificial intelligence generated content, AIGC）技术在非遗保护中的实施方案时，数据收集和分类整理至关重要。这不仅决定了后续数据分析、模型训练、内容生成的准确性，也直接影响到非遗保护、传承的效率和效果。

（一）高效收集海量数据

1. 整合多种数据源

在非遗保护领域，数据来源的多元化是保证数据全面性和代表性的关键。因此，AIGC 技术被应用于多种数据源的整合。传统的文献记录与传统现场调研录像相结合，从不同角度对非遗进行数据采集；利用无人机航拍、高精度地面扫描和 3D 建模技术，对非遗进行详细资料的获取；对非遗传承人口述历史进行采访与记录，以记录非遗的文化内涵与故事。通过 AIGC 技术的运用，使非遗得到全面的数据采集与保护。

2. 应用自动收集工具

为了提高数据采集的效率和质量，AIGC 技术还引入了自动收集工具。这些工具可以自动识别、提取和转换各种数据格式，减少了人工干预的需要。例如，光学字符识别（optical character recognition, OCR）技术可以将文本信息从纸质文献快速转换为电子文本；语音识别技术可以将与非遗传承人面谈的录音文件转换为书面记录；自动网页抓取技术被广泛用于社交媒体等网络平台的数据收集，以获取公众对非遗的关注和反馈信息。

3. 实时数据收集和监控

AIGC 技术还支持数据的实时收集和监控，以保持数据的及时性和准确性。对环境变化、活动进展等与非遗相关的信息进行实时监测，并通过部署传感器、摄像机等设备实时将这些数据传送到数据中心，供数据中心加工、分析。如在寿州窑陶瓷制作技艺数字化保护中，可安装温度感应器、湿度感应器等装置，对窑内环境参数进行实时监测，确保在最佳范围内控制陶瓷生产过程中的温度和湿度。

（二）数据分类和组织

1. 一种精细的数据分类系统

搜集完资料后，为了后续的数据分析、利用，需要对海量资料进行归类和整理。通过构建精细的数据分类系统，AIGC 技术实现了对非遗数据的科学分类和有序管理。这一分类系统通常包含多个维度，如文化类型、地域分布、历史时期及表现。例如，在徽州木雕数字化传承中，对于木雕作品，可以按照题材（如人物、动物、花卉）、工艺特点（如雕刻技法、色彩运用）、历史年代等维度进行分类、整理。

2. 数据清理和标准化处理

分门别类地对资料进行加工、整理时，为保证数据的准确、完整，不出现重复、错误或不相关的条目，进行资料的清理和标准化处理是一项重要的工作。资料的标准化处理是把不同来源的不同格式的资料转换成统一的标准格式，以便后续的资料分析和数据模型的训练、使用。在"AI 数字皮影"系列数字藏品的制作过程中，对收集到的皮影视频进行了编辑、去噪、色彩校正等处理，使皮影视频达到视觉质量、艺术效果的高标准要求。

3. 数据标签和元数据管理

为了便于资料检索与利用，AIGC 技术在数据标签与元数据管理上做了改进。数据标签是对资料的简要描述或关键词说明，辅助用户快速定位所需数据。元数据是与数据有关联的数据的说明，包括资料的获取来源与创建时间等的说明性资料。把非遗数据加入适当的标签和元数据后，就能使资料的检索和利用变得容易管理。

二、技艺的数字化重现

（一）准确掌握技艺

1. 高精度数据采集技术

AIGC 技术利用 3D 扫描、动作捕捉、录音等一系列高精度数据采集技术，实现对非遗的全面、准确捕捉，实现非遗技艺的数字化再现。例如，3D 扫描技术能够对皮影戏人物的各种形态、结构进行精确测量；动作捕捉技术能够对演员在皮影戏中的动作进行实时捕捉并记录，呈现数字化的皮影戏动态表演。这些高精度数据为数字建模和动画制作提供了基础。无论是传统的皮影戏艺术，还是现代的数字建模和动画制作，都可以借助 AIGC 技术进行高效、准确的数字化再现。

2. 深度学习和人工智能分析

AIGC 除了直接收集资料外，还运用深度学习和人工智能分析技术在内的各种技术，对收集到的资料进行深度挖掘和加工处理。通过分析非遗的特征和模式识别，AI 能够对非遗的精髓有更准确的认识，并对非遗核心要素做到心中有数。比如，对陶瓷制作技艺进行数字化再现的时候，AI 能够对陶瓷制作过程中的各种关键参数进行分析，如陶瓷本体成形工艺中的各种要素、釉料的配方比例、烧制温度曲线，从而对陶瓷制作技艺进行精确的捕捉和再现。

3. 数字模型的构建

基于高精度数据采集和人工智能分析，AIGC 技术构建了非遗数字模型。这些模型不仅包含物理特征，如非遗的形式和结构，还包含非物质属性，如工艺流程和操作技能。例如，在刺绣技艺的数字复制中，可以构建刺绣图案的矢量图形和针线路径的算法模型，使刺绣技艺能够以数字形式准确地记录和复制。

（二）技艺的准确传承

1. 构建数字化教学平台

AIGC 技术能为非遗的精确传承提供方便、快捷的数字化教学平台，如在线教学系统和虚拟现实体验中心等多种形式的数字化教学平台，使非遗传承人能够以视频授课和虚拟演示等多种形式向学习者传授技能。学习者能在任何时间、任何地点进行学习，不受时间和空间的限制。通过平台的互动交流功能，学习者与非遗传承人之间的沟通更为方便，这有利于学习者对非遗的学习与掌握。

2. 应用智能辅助工具

AIGC 技术还开发出了诸多智能辅助工具，使学习者对非遗有更好的认识和掌握。例如，在书法传承中，使用 AI 生成的书法模板及笔画识别系统来辅助学习者纠正笔画错误，提高书法水平；在雕刻技艺传承中，可借助 AI 辅助设计软件及自动化雕刻机等工具，使雕刻的精度和效率得到提高。这些智能辅助工具的推出，在降低技艺传承的门槛和难度的同时，提高了技艺传承的精确性和效率。AIGC 技术在为非遗传承提供强大助力的同时，为学习者提供了便利的学习途径。

3.跨界融合，创新发展

AIGC 技术也促进了非遗领域的跨界融合与创新发展。将非遗与现代科技相结合，可生产创新、有趣、实用的文化产品。如在制作西湖绸伞的过程中，可运用 AI 绘画技术进行伞面图案的绘制，再以喷漆的形式制作伞，既保留传统工艺的精髓，又融合现代美学元素；在制作陶瓷艺术品时，可运用 3D 打印技术等现代技术和智能材料，制作出造型独特、功能独特的陶瓷艺术品。这些跨界融合、创新发展的实践，在丰富非遗形式和内涵的同时，为非遗文化的传承与发展注入了新的活力。在传承非遗文化中，在保护传统技艺的前提下，创新与科技相结合是一条实际且高效的新路径。

三、创新传播与体验

（一）沉浸式体验

在非遗展示中，运用虚拟现实和增强现实等先进技术的沉浸式体验成为一大特色。基于 VR 和 AR 技术支持的身临其境的体验方式，能够加深人们对非遗的认识，打破了以往非遗只能通过文字与影像呈现的局限，将非遗体验转化为具象化、有交互性的实际存在的体验。

以香云纱（图 8-1）为例，这一纺织界的瑰宝，以其独特的染整工艺，被列为国家级非物质文化遗产。然而，由于天气和地理的限制，香云纱的染整技艺往往难以向公众充分展示。因此，研究团队创新性地设计了一款基于 VR 技术的香云纱体验装置。参观者佩戴 VR 设备后，可以亲身体验香云纱染、晒五大工序，感受天气、阳光循环对染色的影响。这种身临其境的体验，不仅让参观者有身临其境的感觉，还通过相机捕捉动作，结合 AIGC 技术生成独特的图案，最后通过激光雕刻在香云纱上，使其成为纪念品。这种创新的传播方式不仅吸引了大量年轻人的关注，也有效地增强了香云纱文化的传播效果。

图 8-1　香云纱

（二）个性化内容推荐

内容个性化推荐在非遗传播中占有举足轻重的地位。AIGC 技术在大数据分析和机器学习算法的帮助下，对用户的兴趣和偏好有准确的把握，从而向用户推送与其个性化需求相适应的文化内容，在提高用户满意度和参与性的同时，为非遗的繁荣与发展注入了新的活力与希望。

在个性化内容推荐方面，AIGC 技术主要依靠海量数据和先进的算法，通过收集、分析用户行为数据来建立用户兴趣模型，并以此为依据生成个性化的内容推荐列表。例如，在非遗的网络平台上，用户可以根据自己的兴趣选择特定的非遗项目进行深入了解，AI 系统根据用户的点击、浏览、评论等行为数据，对推荐算法进行持续优化，向用户推送更为精确、个性化的内容，供用户进行深入的学习和了解。

（三）智能导航和互动讲解

一部分地区的非遗机构也利用 AIGC 技术实现智能导航和互动讲解。利用移动应用程序或智能装置，游客在参观博物馆或非遗展览时，可以获得个性化导航信息。人工智能系统会根据游客的位置和兴趣，实时推送相关的文化知识和背景故事，在游客参观过程中为游客提供丰富的体验。游客还可以通过交互界面实时与 AI 生成的历史"数字人"进行交互，对非遗文化有进一步的认识。同时，"数字人"可以根据游客的提问和反馈，不断更新、补充文化知识。这样，游客在参观过程中，不仅可以深入了解非遗文化的内涵，还可以获得一种身临其境的体验。

四、知识产权保护

（一）自动检测、识别

随着 AIGC 技术的不断发展，自动检测、识别技术在非遗知识产权保护中发挥着越来越重要的作用。这些技术可以有效地识别各类作品中非遗元素的使用情况，为著作权人提供及时、准确的侵权预警。

1. 图像识别技术

利用深度学习等算法，能快速识别和分析含有非遗元素的图像。例如，对于含有特定刺绣图案、剪纸图案或传统绘画元素的作品，图像识别技术可以快速定位、提取这些元素，并将其与版权数据库中的信息进行比对，判断是否存在侵权行为。

2. 音频识别技术

运用音频指纹提取技术识别非遗中的音频作品，如音乐与歌剧，通过自动识别、比对，发现未经授权的复制传播行为并加以制止，以保护非遗的音频版权。通过引入人工智能辅助识别等手段，实现数字化保存和传承非遗。

3. 自然语言处理技术

自然语言处理技术应用于非遗文本内容保护中，能够分析文本的语言特征和语义关系，识别与之相关的关键词、短语、句子，再将其与已有的版权资料库的信息进行匹配，就能判断该文本内容是否涉及非遗侵权的问题。

（二）实际案例

目前，一些平台和企业已经开始将自动检测识别技术应用于非遗的知识产权保护中，如利用图像识别技术对上传到非遗数字平台上的作品进行自动扫描比对，保证平台上的内容不侵犯非遗版权，同时提供版权登记和侵权投诉服务，为版权人提供全方位的知识产权保护，这样能够提高非遗的保护力度，有利于非遗传承、发展。

（三）法律保护

健全的法制体系是保护非遗知识产权的重要基础。随着 AIGC 技术的不断发展，为应对新的技术所提出的挑战，相关的法制体系也在不断完善与更新。

（1）明确版权归属：有关 AIGC 生成内容的版权归属问题，相关法律法规应明确界定生成内容的创作者、贡献者和版权拥有人的权利。对包含非遗元素的 AIGC 生成的内容，必须保证非遗著作权人的合法权益得到充分保护。

（2）加大非遗保护力度，对知识产权侵权行为进行严厉打击。对侵权者要建立有效的惩戒机制，使其付出更高的侵权代价。

（3）促进国际合作：非遗具有跨国界、跨文化的特点，因此知识产权保护也需要国际合作。加强与国际组织、其他国家和地区的交流与合作，共同打击跨国侵权行为，维护非遗的国际形象和权利。

五、AI 数字教育与培训

智能教育平台是 AIGC 技术在非遗保护中的一个重要应用亮点，集教、学、传于一体，使非遗得以以更生动、简便的方式传递给更多的人，同时为非遗传承人提供学习与提高的机会。可以通过这样一个智能平台来促进非遗的保护与传承。

例如，湖南某学院与 AIGC 技术相结合，开设了"AIGC 数字艺术进阶培训班"，通过智能教育平台的运用，充分发挥出它的优势，如丰富的在线课程资源、由 AIGC 技术生成的非遗教学视频、互动教程，同时通过大数据分析，根据每个学员的学习情况，为其量身定制学习计划。另外，在线交流社区的建立，促使学员与非遗传承人、专家实时互动，对非遗的保护与传承进行有益探讨。这个培训班不仅为湖南某学院的学生增加了一条学习的途径，也为非遗的保护与传承贡献了力量。

在功能设计上，智能教育平台从用户的角度出发，着眼于用户体验和个性化教学的落实，如结合 VR/AR 技术，为学员再现非遗手工艺品的制作过程，使学员真正身临其境地感受并学有所成。另外，对于学员的学习成果，智能教育平台利用 AI 智能考核系统进行实时反馈，及时对学员的学习情况做出调整，以帮助学员在提高学习成绩的同时，掌握更多非遗技能。

六、跨界融合创新

AIGC 技术为非遗的跨界融合创新提供了无限可能。通过与各相关领域的深度融合，非遗产业在振兴的同时，能创造出更多具有鲜明时代特色的文化产品，使非遗在现代社会得到更广泛的应用。

例如，某款游戏与非遗跨界合作，推出长期项目，邀请众多非遗传承人参与游戏设计，将非遗元素融入了游戏场景、人物、道具等各个方面。这种跨界合作使该游戏在文化内涵上得到了充实，也使更多的年轻玩家通过游戏对非遗有了进一步的认识。同时，该游戏利用 AIGC 技术生成了大量与非遗有关的数字原生内容，如动态插画、短视频，在非遗的传播与普及方面，发挥了重要的推动作用，扩大了非遗的影响范围，为非遗传承与发展注入了新的活力。游戏与非遗跨界合作，也给游戏带来了吸引更多粉丝的机会。

AIGC 技术创新应用还能促使非遗与现代产业深度融合。运用人工智能算法对非遗元素设计模式进行剖析，能将非遗元素运用到现代产品中，创造既有非遗魅力又有现代美学特征的艺术品。此外，AIGC 技术还能帮助非遗传承人在开发电子产品方面进行创新，如开发电子书及网上课程等，拓展非遗的传播渠道和丰富盈利模式。综合起来看，AIGC 技术既有利于发挥非遗对现代生活的影响作用，又有利于将现代技术应用于非遗保护、传承和创新发展中。

第二节　AIGC 在非遗数据库建设中的应用

一、AI 数据清洗与增强

在应用 AIGC 技术的非遗保护实施方案中，AI 数据清洗和增强是非遗数据库建设中不可或缺的关键环节。这一过程既保证了数据的质量，又通过技术手段增强了数据的丰富性和可用性，为非遗的深入研究和广泛传播奠定了坚实的基础。

（一）AI 数据清洗

非遗数据库建设首先要面对海量、异构、可能存在噪声的数据源。这些数据往往来自不同的采集渠道，包括文字记录、图像、视频、音频等，其质量和完整性参差不齐。AI 数据清洗技术的引入，有效解决了这一问题。

（二）数据预处理

AI 进行数据预处理，包括删除无效数据、重复数据和明显错误的词条，然后才能让数据进入数据库。如对文中出现的拼写和语法错误，运用自然语言处理技术进行识别和纠正；对模糊、重复的图像文件，通过图像识别算法进行检测和删除。AI 还能利用机器学习算法，自动识别并填补数据缺失值，对缺失的数据进行合理范围或值的预测，从而确保数据的完整性。

（三）异常值检测

在非遗资料集中的情况下，异常数值可能表现为记录与传统文化特征或历史模式不符。人工智能可以自动识别并标记这些异常值，以方便后续的人工审核或调整。这一过程在提高非遗数据准确性的同时，避免了分析偏差带来的数据不正确。

（四）数据格式统一

非遗数据来源于多种渠道，具有不同的格式和编码方式。AI 数据清洗还包括数据格式的统一处理，将不同来源的数据转换为统一的格式和编码方式，便于后续的数据存储、检索和分析。例如，将不同分辨率的图像转换为统一大小，将不同编码的文本文件转换为 UTF-8 编码，等等。

（五）AI 数据增强

在完成数据清洗后，AI 数据增强技术可以对原有数据进行变换和处理，进一步增强非遗数据库的丰富性和实用性。

（六）数据充实

对于非遗中的稀缺数据，通过生成模型，AI 可以创建新的、真实的数据样本。这些生成的资料能够在一定程度上弥补原始资料的不足，提供更全面的角度研究非遗。例如，为服装文化研究提供补充材料，通过生成模型生成传统服装风格中缺失的图像。

（七）数据关联与挖掘

对于非遗的保护和传承来说，现代技术手段可以起到很大的作用。人们可以利用 AI 来分析非遗的各个要素之间的关联网络，构建复杂的数据关联体系，从而对非遗的各种要素及其文化内涵有较为全面的了解。另外，跨领域数据融合也可以起到很大的作用。可以把不同领域与非遗相关的数据相互衔接起来进行挖掘和分析，从而得出新的应用场景和商业模式的启发性结论。

（八）数据可视化与交互

人工智能在数据可视化中占有举足轻重的地位。运用智能算法生成的可视化图表、动画以及 VR/AR 技术，可以使非遗的展示更加直观、形象。人们既可以用多种感官来感受非遗特有的魅力，又能在虚拟环境里加深对非遗的认识。

二、知识图谱构建与语义分析

（一）知识图谱构建

知识图谱作为揭示实体之间关系的语义网络，在非遗数据库建设中起着重要的作用。通过构建非遗知识图谱，将分散在各个非遗项目中的信息点连接起来，构建一个完整、有序的知识体系。

在知识图谱建设过程中，首先要收集、整理各类非遗相关资料，如文字描述、图片、视频、音频、传承人信息。这些数据来源广泛，包括官方记录、民间口述和网络资料。随后，利用自然语言处理技术对这些数据进行实体识别、关系提取等处理，提取出传承人姓名、技艺特点、历史渊源等非遗项目的关键信息点（图 8-2）。

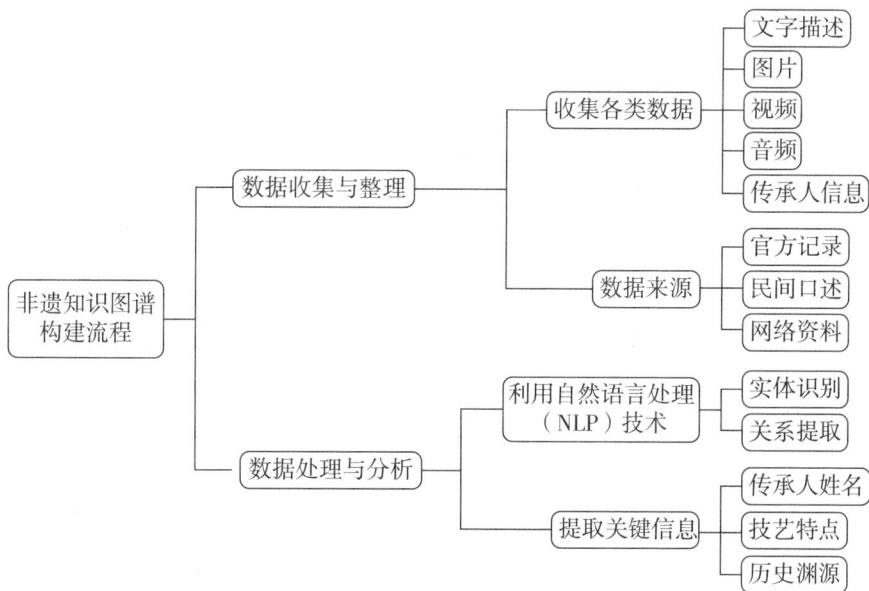

图 8-2　非遗知识图谱构建流程

对非遗知识图谱的节点和边缘，要在实体识别和关系提取的基础上进一步构建。节点代表传承人、技艺、作品等非遗项目中的要素。边缘表示师徒、技艺传承等实体间的关系。通过将这些节点和边缘连接起来，构成一个复杂、有序的知识网络，用户可以方便地进行浏览、查询、推断、分析。例如，不同的手工项目可以作为节点，在构建某一区域的传统手工知识图谱时，在节点中加入传承人、技艺特点、工艺过程等作为属性信息。同时，通过边缘，如常用材料、相似工艺，将不同项目联系起来。用户可以通过知识图谱对该地区传统手工技艺的整体面貌、内在联系等进行直观的了解。

（二）语义分析

语义分析是知识图谱建设的一个重要补充，对非遗的文本内容有更深层次的认识和分析作用，从而从中提取出更多的语义信息。在非遗数据库建设中，运用语义分析技术可以帮助用户更精确地了解非遗的文化内涵和价值，具有十分重要的意义。

语义分析包括很多方面，主要有文本分类、情感分析和主题建模三个方面的内容。在非遗保护中，文本分类技术可以对与非遗项目有关的文字材料按照历史背景、技艺特点、传承状况等分类；情感分析技术可以对用户对非遗的态度进行分析，从而为非遗的传播和推广提供参考；主题建模技术可以揭示非遗文本中的潜在主题和热点，从而为非遗的深入研究提供方向性指导。通过这三个方面的分析，可以为非遗的保护提供有益的参考。

运用语义分析技术的非遗数据库，既能为用户提供丰富的文化知识资源，又能提供智能的信息检索和推荐服务，帮助用户快速查找相关的非遗信息，使用户对非遗的内涵和价值有深入的了解，还能帮助非遗保护机构更好地了解用户需求和市场动态，为非遗的传承和发展提供有力支持。在非遗保护中，语义分析技术的应用，既能丰富非遗保护的内容和形式，又能促进非遗的传承与发展。

三、智能推荐与个性化服务

（一）智能推荐

智能推荐系统是 AIGC 技术在非遗数据库中的核心应用之一，是基于对用户行为数据、兴趣偏好以及非遗内容、特点的综合分析而得出的推荐结果，目的是向用户推荐个性化的非遗内容，以帮助他们发现自己喜欢的非遗项目。

在智能推荐系统的建设中，预处理并提取非遗数据库中的海量数据是基础工作之一，这些数据类型多样，包括文字、图片、视频等。接着运用机器学习算法对数据进行建模和训练，从而建立一个准确了解用户需求和非遗内容特征的智能推荐模型。智能推荐系统根据用户的实时行为和历史数据动态调整推荐列表，以保证推荐的及时性和精确性。在智能推荐系统的使用过程中，会不断地对算法进行改进和更新。

通过智能推荐系统的应用，非遗的传播渠道和受众面得到了拓展。用户对自己感兴趣的非遗内容进行搜索和过滤，不再需要花费大量的时间和精力，而能够轻松地通过智能推荐系统获取适合自己喜好的内容。同时，智能推荐系统能够不断优化推荐算法，以用户反馈和互动行为为基础，使推荐精准度和用户满意度得到提升。

（二）个性化服务

个性化服务是以智能推荐系统为基础的，更多地关注用户的个性化需求和体验，在非遗数据库建设中也有诸多体现，如针对不同用户偏好的定制化内容，推送个性化学习路径规划和基于用户偏好的文化体验设计等，从多个方面满足用户对非遗的需求。

智能推荐系统能收集用户数据，根据用户的兴趣偏好、历史行为，为用户量身定制个性化的内容推送服务，如对特定地区传统手工艺及民族音乐的介绍与欣赏，对非遗内容进行自动过滤和推送，在增强用户对非遗的认同感的同时，提升用户的阅读体验。

个性化服务还表现在学习路径规划上，系统可根据用户的学习目标和学习进度，为用户规划个性化的学习路径和课程安排。例如，对某一传统手工艺有浓厚兴趣的人从基础知识学起，逐步深入进行技能实践和创意实践；对于对非遗有浓厚兴趣的人，系统可更多地推荐相关的文化解读和背景知识介绍内容等。

个性化服务还可结合虚拟现实、增强现实等先进技术，为用户创造身临其境的文化体验。如模拟传统手工艺品的制作过程，使用户亲身感受手工艺的魅力；利用增强现实技术，将非遗元素融入实际场景中，使用户可以随时随地感受到非遗的价值。运用先进技术的个性化服务，不仅可以增进用户对非遗的了解，也有利于传承并弘扬宝贵的非遗。

第三节　AIGC 促进非遗文化的传承与传播

一、AIGC 在非遗文化传承中的应用

(一) 技艺的数字化再现

技艺数字化再现是 AIGC 技术在非遗传承中的核心应用之一。该技术的应用使传统上依赖口头传播、难以记录和保存的非遗技艺得以数字化复制，从而实现技艺的永久保存和广泛传播。

AIGC 通过高精度扫描、三维建模、动作捕捉等先进技术，对非遗技艺的每一个环节进行精确捕捉，并将其转化为数字模型，从而使人们有更直观的途径去认识和学习这些技艺的精髓。如运用 VR 和 AR 技术，为用户提供身临其境的技艺学习体验，从而使用户对非遗文化有更深入的了解，并对非遗传承和发展起到积极作用。AIGC 还能帮助传统手工艺人将工艺品的制作过程传承下去。AIGC 在非遗保护中起到了十分重要的作用。

技艺的数字化复制，既解决了非遗技艺的记录与保存问题，又为技艺的传播提供了更为多样化的途径，使非遗技艺的数字内容能够超越地域和时间的限制，接触更广泛的受众，从而既提高非遗传承效率，又增强非遗在人们心目中的吸引力和影响力。技艺的数字化复制在非遗保护和传承中具有十分重要的意义，适应数字化时代的发展需要，为非遗传承提供了可靠的保障。

（二）智能化教育与培训

智慧教育系统和培训平台的 AIGC 技术为非遗传承注入了新的生机与活力，能精准、高效地完成非遗传承任务，还可以针对个人的兴趣爱好和特长进行个性化非遗内容传授，使非遗得到更好的传承。

利用自然语言处理技术和机器学习技术，AIGC 在智能化教育方面可以为学习者提供个性化定制的学习内容和授课计划，根据学习者的兴趣和能力的不同，进行相应的教学内容和教学方法的调整，使学习者能够有针对性地提高学习效率和学习成果。具体地说，利用 AIGC 可对非遗技艺的学习过程进行详细的步骤指导，为学习者提供模拟练习以及互动问答的功能，使学习者对非遗技艺和相关知识有深入的了解并能将其运用到实践中。

AIGC 还可为非遗传承人提供智能化培训支持。建立在线培训平台与虚拟教室等，突破传统培训模式的限制，为非遗传承人提供更为灵活、便捷的学习机会，使培训过程能够根据传承人的实际情况与需求进行个性化设置。在培训过程中，AIGC 还能根据教学资源的不同，对每一位学习者进行有针对性的训练与辅导，以帮助学习者在非遗技艺传承方面得到提高。

（三）基于跨界合作的创新

AIGC 与其他领域实现了深度融合与交叉式创新，从而给非遗传承带来了全新的元素与动力，并且有效地促进了非遗的现代化转型、国际传播。

AIGC 可与文化创意产业、旅游产业等相结合，开发具有非遗特色的文化创意产品和旅游项目。通过数字化手段对非遗进行创造性的改造和再设计，创造出符合现代审美和市场需求的文化产品，从而吸引更多人的关注。利用非遗元素设计的文创产品及基于非遗的旅游体验项目等，可让人们在日常生活中感受到非遗的独特魅力。从这一点来说，开发具有非遗特色的文化创意产品和旅游项目，对于丰富人们的精神文化生活具有十分重要的意义。

AIGC 可结合多个领域开展跨界合作，共同促进非遗保护与传承。如建立跨界合作平台来组织文化交流活动，通过多种方式的资源共享与优势互补来为非遗传承注入新的活力与动力。跨界合作也可以为非遗的保护与传承提供更为多元的渠道与平台，使非遗在更大范围内得到传承与传播。如开展网上传播活动，在保护、传承非遗过程中不断进行创新与尝试，使非遗得到更广泛与深入的弘扬。

二、AIGC 在非遗文化传播中的应用

（一）创新传播方式

引入 AIGC 技术，为非遗的传播开辟了一条新的道路。以前非遗的传播以实物形态为主，如书籍、资料、展映、表演，受众互动性不足。现在应用 AIGC 技术，能生成文字、图片、声音、视频等多种形式的内容，为受众提供 VR 和 AR 体验，丰富了非遗的传播方式。例如，利用 AIGC 技术，可将非遗产品的制作流程以高清视频或 VR 体验的形式呈现给全球观众，使他们亲身感受非遗技艺的魅力。

AIGC 在产生创意图文内容的同时，可通过新媒体渠道（如社交媒体和短视频平台）进行内容广泛传播，以吸引更多的年轻受众的关注，有效提升非遗的感染力和传播力。创新的传播方式也在一定程度上突破了时间和空间的局限，将非遗传播到更广泛的受众中去。

（二）扩大传播范围

AIGC 技术的运用大大拓展了非遗传播的范围。以往传统的传播方式受限于地理、文化、语言等方面的因素，很难接触全球范围内的受众。AIGC 制作多语言和跨文化的内容，对非遗的传播起到了不可或缺的作用，使非遗突破了地理、语言等方面的限制，在全球范围内得到了广泛的传播，也为保护、传承非遗提供了可靠的技术保障。

对非遗传播内容进行个性化定制，以适应不同国家和地区的文化背景，满足当地受众需求。比如，可针对国际受众，制作英语或其他语言的解说材料，对非遗进行介绍，使非遗更容易被国外朋友认识与接受；可运用大数据分析技术对潜在受众群体进行精准定位，通过在社交媒体上投放广告以及在

搜索引擎上进行优化等手段，将非遗内容精准推送给目标受众，在提高非遗传播效率、扩大非遗覆盖面的同时，保证了非遗传播的精准性。通过这样的个性化定制内容，可以使非遗传播更具针对性，也能使非遗更容易被不同文化背景的受众接受。

（三）增强互动体验

AIGC 技术给非遗传播带来了前所未有的互动体验。传统的传播方式主要依靠单向传播，缺乏与受众的互动，缺乏受众反馈。AIGC 通过生成互动传播内容，让受众积极与非遗内容进行深度互动。例如，观众利用 VR 技术进行非遗虚拟体验时，可佩戴 VR 设备，亲身参与非遗产品的制作，并在虚拟环境中与非遗传承人进行互动。这样既能增强观众的参与感和沉浸感，又能加深观众对非遗内涵和价值的了解。另外，可利用社交媒体平台，开展非遗互动问答与挑战赛等，并鼓励受众分享自己的亲身经历和深刻感受，构建线上、线下联动的非遗传播网络，从而扩大非遗的影响力。这样的举措不仅有利于非遗的有效传承，还能提升非遗保护力度。

第四节　AIGC 引领非遗文化的创新与发展

一、非遗文化的互动式体验与展示

（一）虚拟现实和增强现实技术的应用

将 AIGC 技术与 VR、AR 技术相结合，为用户提供身临其境的非物质文化遗产展示新体验。通过 VR 技术，观众佩戴 VR 设备，沉浸在非遗虚拟世界中，仿佛穿越时空，亲身参与非遗产品的制作过程，或亲身体验非遗历史场景。例如，在传统的手工艺展览中，观众可以通过 VR 技术近距离观察手工艺品的制作细节，甚至可以通过虚拟工具模拟制作过程，亲身感受手工技艺的精湛和独特。现场观众可以通过 VR 技术、AR 技术欣赏修复后的古建筑场景，或者体验传统戏曲的虚拟表演。应用 AR 技术，可以将虚拟信息叠加到现实环境中，让观众看到现实世界中非遗的虚拟展示。这种虚实结合的体验，在增强观众参与感和身临其境感的同时，让展现非遗的过程变得生动活泼、妙趣横生。

（二）互动游戏和数字教育产品的开发

AIGC 技术也促进了非遗互动游戏及数字教育产品的开发。将非遗元素融入游戏设计中，使游戏兼具教育性及娱乐性，既能让玩家在游戏中学习和了解非遗，又通过游戏化的方式提高了玩家的学习兴趣和参与性。如设计一款以传统手工艺为主题的益智游戏，通过解谜的方式使玩家逐步了解手工艺品的制作过程及文化内涵等。AIGC 技术还能用于开发以非遗为主的数字教育产品，如在线课程及互动教程，在提高学员学习效果的同时，更好地将非遗传承下去。互联网平台可以使更多的人轻松、方便地了解非遗，借助非遗产品来传播非遗文化。

（三）社交媒体与数字平台的互动传播

AIGC 技术也促进了非遗在社交媒体与数字平台上的互动传播，借助生成的多样化的数字内容（如文字、图像、视频、直播），使非遗在社交媒体与数字平台上传播起来更加灵活与便捷。这些数字内容既能展现非遗的魅力与特色，又能引起公众对相关话题的关注与讨论，进而产生良好的传播效应。AIGC 技术还能结合社交媒体的数据分析能力对非遗传播效果进行准确评估与优化，从而更好地将非遗传承下去。应用 AIGC 技术，也能分析用户在社交媒体上的行为数据与反馈，了解用户对非遗的兴趣与需求，从而对传播内容、形式、策略进行相应调整，提高非遗传播效果与用户满意度。还能通过运用 AIGC 技术来支持非遗的在线展示与虚拟活动，如开展在线非物质文化遗产节与直播等，使公众有更便捷、更多元化的参与方式。

二、非遗文化的创新设计与产品开发

（一）智能生成，创意融合

AIGC 技术通过智能算法和大数据分析，生成丰富的设计元素，为设计师提供丰富的创意灵感，为非遗创新设计提供了源源不断的动力。在传统手工艺领域，AIGC 能够帮助设计师创造出给传统手工艺带来新活力的独特图案、色彩组合以及造型。如国家级非遗项目伞制作技艺（西湖绸伞）的区级代表性传承人，在西湖绸伞的制作中，运用人工智能绘画技术，成功绘制出兼具现代美学特征和传统韵味的"四季花"系列、"江湖"系列等伞面图案。这些作品在引起青少年兴趣的同时，促进了西湖绸伞的创新与发展。此外，AIGC 还可以将非遗元素与现代设计元素有机结合，打造出新产品，使产品既符合现代审美取向，又有深厚的文化底蕴。比如，将非遗传统图案运用到现代服饰、家居用品等的设计中，实现非遗文化的跨界融合和创新发展。

（二）数字产品开发与应用

AIGC 技术为非遗数字产品的开发和运用提供了新的契机。利用数字化手段将非遗转化为各种数字形态的产品，如数字模型、动画、游戏，不仅可以在网络平台上进行展示和销售，还可以结合虚拟现实、增强现实等技术，为受众打造沉浸式的体验场景，直观展示非遗产品的制作流程及非遗深厚的文化底蕴。采用 AIGC 技术为非遗数字产品提供个性化定制服务，利用 AIGC 技术精心打造非遗 VR 体验馆，可以满足消费者的多样化需求。比如，消费者可根据自己的喜好和需求，对有非遗元素的个性化礼品或纪念品进行定制。这既能提升产品的附加值，又能使消费者对非遗产生认同感。

（三）跨界合作与产业链延伸

AIGC 技术为非遗领域的跨界合作和产业链延伸注入了新的活力，给非遗的创新发展带来了新的机遇。在跨界合作中，将非遗与各个产业深度融合，创造出具有民族特色的新产品和服务。如将非遗与时尚产业结合，推出具有民族特色的时尚服装及配饰产品；将非遗与旅游业结合，开发非遗旅游线路及体验项目；将非遗与文化产业结合，推出以非遗为主题的电影、电视剧及动漫作品等，既丰富了非遗的表现形式和传播渠道，又拓展了非遗的产业链和市场空间。跨界合作对于促进非遗保护与传承，对于促进非遗可持续发展至关重要。另外，AIGC 技术也可以对非遗产业链进行数字化升级和智能化管理，使产业链的效益和竞争力得到提高。例如，利用 AIGC 技术构建非遗产业链数字平台，实现产业链上下游企业的信息共享与协同合作。再如，通过对市场需求变化的智能分析和预测，使企业能及时调整产品结构和生产策略，以应对市场变化。

三、非遗文化的智能教育与传承

（一）智能教育平台建设与个性化学习体验

AIGC 技术为非遗智能教育提供了强大的支持。非遗知识的系统化组织和个性化传播，通过智能教育平台得以实现。这些平台运用大数据分析技术和人工智能技术，智能推荐适合学习者的学习内容和资源，根据学习者的兴趣、能力和学习进度，为学习者提供个性化的学习路径，并为他们提供学习反馈。比如，一些非遗智能教育平台上有丰富的非遗课程、视频教程、互动问答功能。通过这些平台，学习者可深入了解非遗的历史背景、技艺特点和传承价值，通过在线学习、模拟练习、互动交流等方式进行学习。智能教育平台还能实时评估、反馈学习者的学习成果，通过智能测评系统帮助他们及时发现问题、调整学习策略、提升学习效果。这种智能化的教育模式，不仅打破了传统教育时间、空间上的限制，也使学习者的学习体验和兴趣得到很大的提升。

（二）虚拟传承人的培养与技艺传承

以采集和分析真实非遗传承人的教学视频、语音、动作数据为基础的 AIGC 技术，能生成高度仿真的虚拟传承人形象，模拟真实传承人的教学行为、技能展示，给学习者带来生动、直观的非遗技艺学习体验，使他们更好地学习非遗技艺的精髓，感受传统文化的魅力。此外，AIGC 技术还可以对非遗的数字化保存有直接的帮助作用。应用该技术建立非遗数据库和知识图谱，为非遗传承提供丰富的数据和知识资源，在解决传统技艺传承中师资力量和教学资源不足的问题的同时，使技艺传承的效率和精确性得到了提高。

（三）智能传承体系的构建和文化传播的全球化

AIGC 技术也促进了非遗智能传承体系的构建和文化传播全球化。通过构建智能传承体系，非遗的传承与发展更加系统、科学，非遗的数字化保护、智能教育、技艺传承、文化传播等各个环节密切配合，非遗得到全面传承与发展。AIGC 技术也加速了非遗的全球化传播，以互联网为媒介，借助社交媒体等渠道，使非遗能够跨越地域，传播到全球各地。智能传承系统的数字产品与内容也可以运用多种语言和平台进行传播和推广，使更多的人能够认识和热爱非遗，扩大非遗的影响范围，并增进不同文化间的交流，这是随着经济全球化趋势的发展而产生的一种文化传播效应。

第五节　AIGC 技术的应用挑战与未来展望

一、AIGC 技术在非遗文化保护中应用的挑战及应对策略

（一）技术挑战

在非遗保护中，AIGC 技术所面临的技术挑战是不可忽视的。尽管 AIGC 技术进步迅速，但在处理非遗复杂、细腻的内容上，AIGC 技术仍有欠缺。非遗往往通过高精度的技术手段捕捉和呈现，蕴含着丰富的历史信息、文化内涵和艺术精髓。但目前的 AIGC 技术在认定、分析、生成非遗的相关内容上还存在一定的局限性，很难完全还原非遗的真实面貌和深层内涵。此外，

非遗具有多样性和地域性，不同非遗项目需要制订个性化技术解决方案和策略，对应用 AIGC 技术提出了挑战。

（二）伦理挑战

AIGC 技术在非遗保护中应用也面临伦理挑战。非遗是人类的文化遗产，其保护和传承应遵循一定的伦理原则和价值观。然而，AIGC 技术的应用可能会对这些原则和价值观产生影响。例如，在利用 AIGC 技术生成和传播非遗内容时，如何保证内容的真实性和准确性，避免误导公众或损害非遗形象是一个迫切需要解决的问题。AIGC 技术的广泛应用也可能引发知识产权和隐私保护等伦理问题的争议。非遗内容的数字化和智能化处理往往涉及大量的信息。保护这些信息的安全性和隐私性，防止信息滥用或隐私信息泄露，也是一个重要的伦理挑战。

（三）社会挑战

AIGC 技术在非遗保护中应用的社会挑战不容忽视。非遗的传承和发展离不开社会的广泛参与和支持。然而，AIGC 技术的应用可能会改变传统的非遗传承方式和路径，引发社会上不同的声音和争议。AIGC 技术为非遗的传播、普及提供了更加便捷、高效的手段，有助于扩大非遗的影响力和受众范围。但是 AIGC 技术的过度应用可能加剧非遗的商业化和娱乐化倾向，减少非遗文化内涵和核心价值。此外，AIGC 技术的应用可能会加剧非遗传承的代际差距，导致年青一代对非遗的理解和认知存在偏见或误解。

（四）应对策略

对 AIGC 技术在非遗保护中应用面临的挑战，需要保持清醒的头脑和积极的心态，积极探索和创新解决之道。第一，要增加对 AIGC 技术的研发投入，使该技术具备处理复杂、细腻非遗内容的能力，并保证技术的精确性和可靠性。第二，要建立健全的伦理规范和监管机制，对 AIGC 技术在非遗保护中的应用界限和底线予以明确，以保证非遗的真实性与完整性。第三，要加大公众教育与引导力度，提高公众对非遗的认识，以促进非遗传承与发展。第四，积极探索 AIGC 技术与非遗保护相结合的新模式和新路径，如通过跨界合作与产业融合的方式，促进非遗的创新发展与商业化，使非遗得到可持续传承与繁荣，实现保护非遗的目的。

二、AIGC 技术在非遗文化保护中应用的未来展望

（一）技术进步展望

1. 深度学习和算法的持续优化

随着深度学习技术的不断成熟与算法的不断优化，AIGC 应用于非遗保护将会更加精准、高效，能构建更复杂的神经网络模型，对非遗的内涵有更深入的认识与分析，并由此产生更具现实性和创造性的内容，从而在非遗的数字化传承中发挥重要作用。如对非遗产品的制作过程进行精确模拟，为非遗传承人提供有价值的参考和启发，对非遗的保护与传承起到促进作用。

2. 跨模态生成技术取得突破

跨模态生成技术将是 AIGC 技术在非遗保护方面应用的又一重要发展方向，整合多种媒介形式，如文字、图片、声音、视频，呈现非遗的内容，并由此提供交互式体验。应用跨模态生成技术，人们将更加直接地体会到非遗的魅力，并能在各种媒介形式间进行自由转换，以满足不同情景下的学习和欣赏需求，这对非遗的保护起到积极的作用。

3. 实时互动和个性化定制

实时互动技术的发展，将使 AIGC 给非遗的传承与传播带来更丰富的互动方式。人们可利用虚拟现实和增强现实技术来与非遗内容进行实时互动，对非遗背后的故事和文化有深入的了解。另外，AIGC 还可根据用户的兴趣与需求，为用户量身定制个性化非遗体验和学习项目，以满足不同用户的个

性化需求，从而对非遗的保护与传承起到积极作用。

（二）解决伦理和社会问题

1.建立健全的道德规范

针对 AIGC 技术在非遗保护中应用可能产生的伦理问题，未来有必要建立完善的伦理规范体系。这包括明确 AIGC 技术的应用范围和界限，确保该技术应用符合社会伦理标准。同时，要加强对 AIGC 技术应用的监督和评价，及时发现伦理风险，早做防范。

2.加强隐私保护和数据安全

在非遗数字化的过程中，隐私保护和数据安全是不可忽视的问题。未来，AIGC 技术应用需要加强对用户隐私和数据安全的保护，采用先进的数据加密和数据脱敏技术，确保非遗相关数据的安全。同时，要建立健全数据共享和交换机制，促进非遗数据的合法合规利用。

3.增强文化多样性和包容性

AIGC 技术在非遗保护中的应用，需要充分考虑文化的多样性和包容性。在技术的开发和应用中，应尊重不同非遗项目的独特性和差异性，避免出现单一性和同质化的倾向。同时，要加强跨文化交流与合作，促进不同非遗项目之间的相互借鉴与融合，促进非遗事业的繁荣与发展。

（三）创新技术应用模式

1.数字化展示，互动体验

今后，AIGC 技术将会对非遗的数字化展示和互动体验起到进一步的推动作用。通过数字博物馆、在线展览、虚拟现实体验中心等平台，用户可以足不出户就领略到非遗文化的独特魅力。这些平台还能为用户提供虚拟试衣、互动游戏等在内的丰富的交互功能，以增强用户对非遗的参与感和体验感。这些数字展示平台将会进一步丰富用户的体验。

2. 跨界融合与产业创新

AIGC 技术将促进非遗与其他领域的跨界融合及产业创新，如把非遗元素融合到服装设计、文创产业、旅游体验等领域，在满足人们多样化需求的同时，促进非遗向市场化、产业化方向发展，在丰富人们消费体验的同时，对传承非遗起到了积极作用。

3. 支持智能教育

AIGC 技术也将对智能教育和非遗传承起到强有力的支持作用。通过打造智能教育平台，对学习者的个性化学习路径进行开发，创新非遗传承人培训体系，应用 AIGC 技术可以突破时空限制和资源瓶颈，使更多的人有学习非遗的机会和条件。在大数据技术的辅助下，智能教育平台还能对学习成果进行评价及反馈，对非遗传承人进行更加精准和有根据的指导。

4. 国际沟通与交流

在经济全球化的形势下，AIGC 技术将为非遗的国际传播与交流创造新的机会，借助多语言、多平台的国际传播体系，将非遗推向更广阔的国际舞台，借助国际交流与合作机制，加强与其他国家和地区在非遗保护方面的合作和互动，从而促进人类文化的繁荣发展，可谓一举多得。这也是对非遗保护的一种有力支持。

5. 可持续发展与生态建设

今后 AIGC 技术在非遗保护方面的应用，以可持续发展和生态建设为重点，对非遗资源进行有效保护、利用，在促进非遗产业绿色发展上多下功夫，在建设非遗传承生态系统上下足功夫，在非遗传承和发展过程中保持非遗独特性和生命力上下功夫，在为人类社会的可持续发展多做贡献上下功夫。通过这些努力，确保非遗得到更好的保护与传承，切实为人类社会的可持续发展做贡献。

第九章 总结与展望

第一节 本书的主要观点与结论梳理

一、非遗文化数字赋能的必要性

对非遗进行数字赋能，是应对非遗保护和传承挑战的必然选择。很多非遗项目，如传统戏曲剧本和民间工艺品，以手写复制、人口传递等方式进行传承，传承效率不高，而且面临非遗损失风险。传统的戏曲剧本大多是手写的，这就给保存和传承带来了很大的不便。但是，将传统戏曲剧本等非遗项目以数字化方式扫描、组织、存储在资料库中，使其便于在线访问和学习，从而提高保存和传承的效率。上海戏曲艺术中心建立的数字剧本库就是一个成功的案例，它大大提高了传统戏曲剧本的保存和传承效率，也促进了传统戏曲文化的传承与发扬。以数字化方式对非遗进行保存，在解决传统保存方式局限性的同时，使非遗突破了时间和空间上的限制，在更广泛的范围内得到了传播和传承。

非遗数字赋能是促进非遗文化创新发展的重要途径之一。数字技术的飞速发展给非遗带来了无限的创新可能。新媒体、人工智能技术与数字动画技术相融合，促使非遗以创新的方式呈现在大众面前；通过与大数据技术相结合激发大众对非遗的兴趣与关注。如以《江海渔童之巨龟奇缘》《雄狮少年》

为代表的国产动画电影将中国传统剪纸与舞狮等非遗通过动画的形式呈现出来，既能让观众感受到非遗在娱乐中的魅力，又对相关产业的转型升级起到了推动作用。动态图形技术等数字动画技术的运用给苏绣、扬州漆器这样的静态非遗产品带来了新的生机，也通过动画的表现形式使非遗技艺更加直观、易懂，从而在非遗传承与发展中注入新的活力。这些创新尝试也促进了非遗与现代文化的深度融合，在非遗传承与发扬中起到重要的促进作用。

非遗数字化是提升国家文化软实力的重要手段。文化软实力已成为当今国家综合国力的重要组成部分。承载着中华民族历史记忆和文化基因的非遗，是中华优秀传统文化的重要组成部分。非遗通过数字赋能，可以更便捷地走向世界舞台，增进国际社会对中华文化的了解。例如，一批以非遗为创作主题的新媒体艺术作品，在成都非物质文化遗产数字化展上展出，通过视觉感官、互动体验等，让国内外观众感受到非遗的魅力。这种数字化的展示方式不仅提升了非遗在国际上的影响力，也推动了中华文化在国际上的传播。非遗数字赋能对提升国家文化软实力意义重大。

二、非遗文化数字赋能的主要领域

（一）数字化记录和保存

数字化记录和保存是非遗数字赋能的基本领域。通过高清摄影、音视频记录、3D扫描等现代数字技术，可以实现对非遗项目的全面、详细、真实的记录，避免了传统记录方式可能出现的信息丢失或损坏问题。例如，中国艺术研究院较早成立了中国非物质文化遗产数字化保护中心，利用数字技术对非遗的数字文字、图像、音像资料进行保护，建立了非物质文化遗产数据库管理系统。该系统不仅实现了非遗资源的高效存储和管理，也为后续的非遗数字化传播和创新应用提供了坚实的数据基础。此外，"南京传统工艺非物质文化遗产虚拟展示"项目也是数字化记录与保存领域的成功案例。该项目通过数字化手段对南京市传统手工艺非遗项目进行深入的文化梳理和虚拟展示，让更多的人通过网络平台了解这些珍贵的非遗。

189

（二）数字化传播与推广

数字化传播与推广是对非遗进行数字赋能的重要领域。新媒体技术的发展，为非遗提供了前所未有的传播机会。非遗通过新媒体平台，如短视频平台、直播平台、社交媒体，以更直观、生动的方式，超越地域限制，呈现在大众面前。如宁夏乔家手工皮艺代表性传承人乔某，将自己制作的皮艺箱包等成品通过短视频平台进行直播销售。此举不仅拓宽了销售渠道，也提高了非遗的知名度和影响力，吸引了一大批国内外爱好者。另外，运用数字动漫技术，开辟了一条传播和推广非遗的新途径，如数字化呈现中国传统剪纸、舞狮等非遗项目的国产动画电影《江海渔童之巨龟奇缘》《雄狮少年》。这些创新的传播方式在丰富非遗表现的同时，提升了公众对非遗的兴趣和认同感。

（三）数字化创新与应用

数字化创新与应用是非遗数字化发展的前沿领域。在数字技术的推动下，非遗与文化创意产业等融合，催生出一系列新的文化产品和服务。如某集团以苗绣传承和国际设计师资源为基础，建立了"绣女数据库"和"全球设计师空间"，以数字化手段实现传统刺绣与现代设计的跨界融合，既提高了刺绣产品的附加值和市场竞争力，又促进了传统刺绣技艺的传承与发展。大数据技术、人工智能等技术的发展也为非遗创新发展提供了有力支持。在数字技术的推动下，非遗不断向新领域发展。利用数据分析技术与智能推荐技术，对市场需求与用户偏好进行有效把握，对非遗产品的开发和市场推广进行科学决策与支撑，以拓展非遗的应用领域和产业链，并夯实非遗可持续发展的基础。在非遗创新应用中运用数字技术，不仅使非遗产品得到发展，也有力地促进了非遗的保护和传承。

三、非遗文化数字赋能的实施策略

（一）建设非遗数字资源库，实现资源共享和利用

构建非遗数字资源库是一个以数字化方式赋能非遗的战略。这一战略的核心是，利用数字技术对非遗项目进行全面、系统的记录和组织，实现非遗数字资源的共享和重复利用。比如，中国艺术研究院通过构建非物质文化遗产数据库管理系统，实现了对非遗资源的高效管理。该系统汇集了大量非遗的数字化资料，为学者、研究者和社会公众提供了丰富的非遗资源，提供了便捷的检索和查询功能。各个非物质文化遗产保护中心也都建立了各自的数字资源库。重庆在非遗数据的动态管理和互动应用上，运用数字技术摸清非遗"家底"，统筹运用数字技术、数字思维和数字认知，为非遗传承、创新提供了坚实的数据基础。

（二）创新非遗数字化传播方式，拓宽传播渠道

实现非遗数字赋能的关键策略是创新非遗数字化传播方式。非遗的传播渠道随着新媒体技术的迅猛发展而日趋多元化。非遗的魅力可以通过短视频、直播等新媒体平台进行生动、直观的展示。比如，通过记录传统艺人的技艺展示、民俗活动等，短视频平台上的账号能够吸引大批粉丝关注，让粉丝对非遗的认识得到提升。还可以利用虚拟现实、增强现实等先进技术，打造身临其境的非遗体验场景，让观众身临其境地感受非遗文化特有的韵味。比如，有的博物馆利用 VR 技术，以虚拟展览的形式向观众呈现非遗项目，让他们自由地在虚拟空间里对非遗文化进行探索和学习。

（三）推进非遗数字化创新与应用，实现文化与科技的深度融合

推进非遗数字化创新与应用，是非遗数字赋能的核心战略。这一战略强调将非遗与现代技术相结合，创造具有鲜明时代特色的文化产品和服务。例如，一些企业利用数字技术对传统非遗产品进行改造升级，如将刺绣工艺与现代设计相结合，开发具有时尚元素的刺绣产品；将传统手工艺与 3D 打印

技术相结合，创作精美的工艺品。这些创新应用不仅提升了非遗产品的附加值和市场竞争力，也促进了非遗文化的传承和发展。利用大数据技术、人工智能等先进技术对非遗进行深入挖掘和分析，为非遗传承、创新提供科学依据和决策支持。例如，应用大数据技术分析受众偏好和市场趋势，准确定位非遗产品的市场需求和发展方向；应用人工智能技术模拟非遗产品制作过程，有助于非遗传承人对技艺的学习和创新。

第二节　学术界的进一步研究方向与议题建议

一、数字化非遗保护与传承的策略优化

（一）深化数字技术与非遗融合

优化非遗保护、传承策略的核心是数字技术与非遗的融合。当下，尽管在非遗保护中应用数字技术已有不少尝试，但如何将两者融合得更深，实现技术的充分赋能，仍是学术界迫切需要探索的课题。加强在非遗展示、体验、传承等方面的虚拟现实、增强现实、人工智能等前沿技术的研究与应用，促进技术创新应用。比如，让公众亲身体验故宫文化魅力的故宫博物院，利用 VR 技术打造的"数字故宫"，数字化展示非遗。探索制定确保数字化进程中非遗信息真实、完整、可持续的非遗数字化保护技术标准和规范。学术界可联合科技企业、非遗保护机构等各方共同制定相关标准，为非遗数字化保护事业的健康发展提供有力支持。

（二）完善非遗数据资源体系

保护和传承非遗的重要基础是完善非遗数据资源体系。非遗数字化保护成效受到非遗数据资源分散、重复、标准不统一等问题的制约。学界应加强研究和构建促进数据资源整合、共享的非遗数据资源体系。建立国家非物质

文化遗产数据资源中心，避免重复建设和数据资源浪费，对非遗数字资源进行集中存储、管理和共享。例如，中国艺术研究院的中国非物质文化遗产数字化保护中心，通过构建非物质文化遗产数据库管理系统，实现对非遗资源的高效存储和管理。制定包括数据描述、分类、编码、存储等标准在内的统一的非遗数据资源建设标准和规范，确保数据资源互通共享。此外，应加强对非遗数据资源的深入挖掘和分析，利用大数据技术揭示非遗文化内在规律和价值，为非遗保护、传承提供科学依据。

（三）推动非遗数字内容创新与规范

创新与规范非遗数字内容，是保护与传承非遗的关键环节，在数字时代能够增强非遗的吸引力和影响力，并促进非遗的传承与发展。所以，学术界要加大力度对非遗数字内容进行研究与创作，运用创新思维和多元化的表现手法，创造具有当代特色和文化内涵的非遗数字产品，并促进非遗数字内容的标准化建设，确保数字内容的兼容性、互操作性和高质量。这是确保非遗保护与传承取得实效的重要举措。制定非遗数字产品的创作规范、技术标准和评价标准等，为非遗数字内容的创作、传播、交易提供指导。加大非遗数字内容的版权保护力度，建立完善的版权保护制度，以维护非遗传承人和创作者的合法权益。促进非遗数字内容的创新与标准化，从整体上提高非遗保护与传承效率，以使非遗得到更好的发展。这既从经济上增加了非遗保护与传承的效益，又从思想上对非遗保护与传承起到了促进作用。

二、非遗数字平台的构建与发展

（一）非遗数字平台的建设与优化

在非遗数字平台的建设与发展过程中，如何将先进技术与文化资源相结合，实现非遗的有效传承与创新，是学术界应该进行深入探索的课题。以云南省"数字紫陶"区块链综合应用项目为例，通过区块链、物联网、大数据技术等的综合应用，为建水紫陶量身打造了从原料生产到消费终端的全程追溯体系。该体系不仅实现了紫陶产品的认证溯源，还帮助企业从"以产定销"向"C2M（customer to manufacturer，即从消费者到生产者）"柔性制造模式转型，通过数据分析，精准构建用户档案。这一案例充分说明了在非遗传承、产业发展等方面，数字平台大有可为。

非遗数字平台建设的首要任务是建立一个全面、准确的资料库。这需要对非遗项目进行详细的实地调查，对收集到的第一手资料进行系统的整理和分类，并结合云计算技术进行资料的存储和管理，以保障数据的安全与可靠，然后运用大数据分析技术对非遗数据进行深入挖掘与分析，从而为非遗的保护与传承提供科学的依据。另外，在非遗数字平台设计上，要着重考虑用户体验，做到界面简洁、清晰，功能布局合理，以方便用户对非遗信息进行查找与了解，从而有效地促进非遗保护与传承。如参考"数字紫陶"项目所采用的物联网的集成硬件设计，使用户能够以 AR 扫描等途径与非遗产品进行互动，以增强用户对项目的参与感和体验感，这是非常有益而富有启发性的做法。

（二）非遗数字平台推广、运营

非遗数字平台的成功，除了依靠本身的建设质量之外，还与平台推广与经营策略有着密不可分的联系。在平台推广上，要充分利用各种新媒体渠道和线下活动来提高平台的知名度与影响力，具体可采取如下方式来促进平台发展：首先，可与非遗传承人、文化机构、学校、企业等进行合作，举办非遗展览、讲座等多种形式的活动，吸引更多用户的关注；其次，可利用电商平台、短视频平台等渠道来展示非遗产品的独特魅力，并促进非遗产品的线上销售；最后，构建线上、线下相结合的传播模式。通过这些方式，既能提高用户对非遗的了解与重视程度，又为非遗在数字化时代的传承与弘扬提供了更为广阔的天地。以某短视频平台为例，非遗项目的相关视频得到了广泛传播，不仅使非遗得到了更多人的关注和认识，也有助于推动非遗产品的电商销售，并由此产生了很好的市场反响。

非遗数字平台在经营上要持续进行功能上的优化并及时更新内容。运营团队要时刻关注用户反馈与市场变化，及时做出相应的策略调整，以满足用户需求；营造良好的社区氛围，鼓励用户在平台上积极参与互动、交流，如评论、分享、上传自己的非遗作品；定期组织与非遗相关的线上、线下互动活动，增强用户的参与感。通过与政府、企业、文化机构等合作伙伴加强沟通与合作，促进非遗传承与发展。例如，"数字紫陶"项目，以政府指导、企业参与、技术赋能等多种形式相结合，成功地构建了属于紫陶产业的数字生态系统，并因此为其他非遗项目的数字化发展提供了宝贵的经验。

三、非遗数字化保护的国际交流与合作

（一）国际非遗数字化保护的经验

国际非遗数字化保护的经验，对中国乃至全球的非遗保护具有重要意义。以联合国教科文组织发起的"世界记忆项目"为例，该项目自1992年启动以来，利用现代信息技术对世界范围内的文化遗产进行了数字化和保存，为各国非遗保护提供了宝贵的经验和示范。美国国会图书馆的"美国记忆"项目，通过数字化手段保存和传播了大量珍贵的文献、手稿、照片和其他收藏品，不仅丰富了美国的文化遗产数据库内容，也为全球用户提供了方便的访问路径。中国可以加强与国际组织的合作，共同制定非遗数字化保护的标准和规范，促进全球非遗资源的共享和交流；可以借鉴国外的技术和管理经验，提升中国非遗数字化保护水平。

（二）非遗数字化保护国际交流与合作机制

建立非遗数字化保护国际交流与合作机制，是促进非遗全球传播与发展的十分重要的途径。此机制应该涵盖多个层面，既有政府间的合作，也有学术上的交流与合作，还有民间社会团体之间的互动。具体而言，政府可签订双边或多边合作协议，以共同促进非遗数字化保护项目的实施；学界可定期召开国际学术会议，以分享研究成果，讨论非遗数字化保护的前沿问题；民间社会团体可发挥桥梁作用，促进各国非遗传承人之间的交流与合作。亚太

文化中心建立的亚太非物质文化遗产数据库，就是国际合作的一个成功的案例。这个数据库集中了亚太地区多个国家的非遗资源，为保护和传承本地区的非遗提供了强有力的支持。中国积极参与此类国际合作项目，为促进全球非遗数字化保护网络的构建贡献力量。从长远来看，这对保护和传承非遗意义重大。

建立国际合作与交流机制的过程，对技术标准的统一与互操作性的提高也是不能忽略的。不同国家和地区在数字技术水平上的差异，可能造成非遗数字资源的格式与编码不一致，对非遗资源的共享与利用造成影响。为构建统一的非遗数字化保护技术标准体系，国际上需要加强技术标准的制定与协调，同时加大技术培训与交流力度，以促进各国在非遗数字化保护方面的技术能力的提高。

四、非遗数字化保护的政策支持与法律保障

在非遗数字化保护的实施和发展过程中，政策体系的完善与法律保护的强化是不可缺少的两个重要支柱。

（一）完善政策体系

近年来，中国政府十分关注非遗保护与传承，出台了《文化保护传承利用工程实施方案》等一系列的相关政策文件。这些政策既为非遗数字化保护指明了方向，又通过设立专项资金的方式对非遗数字化项目给予必要的经济支持，同时以补贴、奖励等多种手段，在财政上对非遗数字化项目给予一定的支持。例如，以数字化手段，对贵州侗族村寨的传统文化风貌进行收集和记录，并以网络为载体进行传播。该项目得到了当地政府的政策支持和资金投入，有效提升了侗族村寨传统文化在国际上的知名度和影响力，也促进了传统民族文化的传承与发扬。

（二）加强法律保护

加大法律保护力度，夯实非遗数字化保护的法制基础。2011年，中国颁

布了《中华人民共和国非物质文化遗产法》，对非物质文化遗产的定义、范围、保护原则等进行了明确规定，为保护非物质文化遗产提供了一个基本的法律框架。随着数字技术的不断发展，非物质文化遗产数字化保护方面的数字化成果知识产权保护、数字化平台监管等也面临新的挑战和难题。因此，应加大法律保护力度，尤其是加强非物质文化遗产的数字化保护。近年来，中国积极探索通过《中华人民共和国著作权法》《中华人民共和国商标法》《中华人民共和国专利法》等法律，加强对非物质文化遗产数字化成果的知识产权保护。同时，为适应数字化时代的需求，政府积极推动数字化保护非物质文化遗产相关法规的修订、完善。比如，国家文物局发布的涵盖数字馆藏资源保护的《博物馆馆藏资源著作权、商标权和品牌授权操作指引（试行）》，为保护非物质文化遗产数字化成果权益提供了法律保障。

五、非遗数字化保护的学术研究与人才培养

（一）深化学术研究

对于非遗的数字化保护而言，深化学术研究和加强人才培养是推进非遗可持续发展的关键。只有进行深入的学术研究，才能揭示非遗数字化保护的内在规律和科学原理，为实践提供有力的理论支持。目前，学术界已经在非遗数字化保护的技术应用、数据标准、平台建设等方面取得了明显的成绩，但还需要进一步研究。比如，如何运用大数据技术、人工智能等先进技术，提高非遗数字化保护的精确度和效率，如何构建全面的非遗数字化保护的理论体系，是迫切需要研究的重要课题。为促进非遗数字化保护学术研究的深入开展，要鼓励跨学科合作，以共同促进非遗数字化保护。

（二）人才培养和队伍建设

加强人才培养和队伍建设，是非遗数字化保护的重要保障。非遗数字化保护是一项专业性很强的工作，需要复合型人才。这些人才既有非遗保护知识，又精通数字技术。但就目前来看，这类人才还比较缺乏。因此，要通过

设立专项经费、开展培养项目、建立实践基地等方式，加大对非遗数字化保护人才的培养力度，吸引更多有志于非遗保护事业的青年人才投身其中。要加强非遗数字化保护队伍建设，优化人员结构，使队伍整体素质得到提升，创新能力得到加强。此外，还要注重对非遗传承人进行数字化技能培训，让非遗传承人更好地运用数字化手段，将非遗传承好、推广好。

参考文献

[1] 王隽，张艳国.论地方政府在非物质文化遗产保护利用中的角色定位——以江西省域为个案的分析 [J].江汉论坛，2013（10）：115-121.

[2] 刘静江.基于大数据时代背景下非物质文化遗产数字化保护研究 [J].梧州学院学报，2018，28（2）：47-51.

[3] 孙玲玲，杨佐志，李彦如.参与式发展理论在非物质文化遗产数字化保护中的应用 [J].四川图书馆学报，2016（6）：32-35.

[4] 宋利荣，潘云.黔东南少数民族地区非物质文化遗产资源库的应用出路 [J].凯里学院学报，2016，34（1）：71-74.

[5] 陈哲.满族非物质文化遗产档案信息管理平台的构建研究 [J].现代情报，2013，33（1）：129-131.

[6] 王建明，王树斌，陈仕品.基于数字技术的非物质文化遗产保护策略研究 [J].软件导刊，2011，10（8）：49-51.

[7] 刘卫华.湘西民族体育非物质文化遗产数字化保护路径 [J].当代体育科技，2022，12（34）：131-135.

[8] 孔凡敏.公共图书馆非物质文化遗产数据库建设研究 [J].大学图书情报学刊，2019，37（3）：83-86.

（19）：12-15.

[22] 周茜 . 图书馆参与非物质文化遗产保护的意义和实践——以山西省图书馆为例 [J]. 中国中医药图书情报杂志，2017，41（6）：31-34.

[23] 李俊霞 . 我国非物质文化遗产保护工作的实践与探讨 [J]. 西北民族大学学报（哲学社会科学版），2010（4）：142-147.

[24] 宋才发 . 保护非物质文化遗产是民族博物馆的历史重任 [J]. 黑龙江民族丛刊，2012（5）：124-130.

[25] 赵玉婷，刘莹 . 非物质文化遗产的数字动画表现实践与研究——以国家级保护项目"蒋塘马灯"为例 [J]. 视听，2018（1）：40-41.

[26] 孟繁科 .AIGC 如何重塑数字人产业 [J]. 中国工业和信息化，2023(10)：6-11.

[27] 赵益 . 算法生成与权力博弈——海外 AIGC 研究视野观察 [J]. 当代电影，2023（8）：22-30.

[28] 曾晶芳，马玲玲，冯德岭 . 新媒体助力非遗文化的传承与传播路径研究 [J]. 传媒论坛，2021，4（21）：123-124.

[29] 林香兰 . 浅析非物质文化遗产保护工作的社会性 [J]. 大众文艺，2016(16)：2.

[30] 尹晓琳 . 少数民族民间文学资料信息化建设探析 [J]. 图书馆学研究，2016（21）：41-44.

[31] 颜明霞 . 非物质文化遗产保护与旅游资源开发的互动发展模式研究 [J]. 创新，2014，8（3）：61-64，127.

[32] 陆晓君 . 盐城市非物质文化遗产数字化建设探究 [J]. 文教资料，2015（9）：65-67.

[33] 别金花 . 都市非物质文化遗产旅游开发与保护——以上海为例 [D]. 上海：上海师范大学，2009.

[34] 王镇新 . 河南省体育非物质文化遗产保护研究 [D]. 沈阳：沈阳师范大学，2015.

[35] 徐君康. 宁波海洋非物质文化遗产数字化传播问题与对策研究 [D]. 宁波：宁波大学，2016.

[36] 夏宁博. 非物质文化遗产的传承途径探究 [D]. 昆明：云南艺术学院，2011.

[37] 张楠. 牡丹江市非物质文化遗产旅游开发研究 [D]. 牡丹江：牡丹江师范学院，2020.

[38] 方达. 大理周城扎染旅游中非遗传承人与游客的价值共创研究 [D]. 昆明：云南大学，2022.

[39] 刘文艳. 重大自然灾害中非物质文化遗产保护应急机制研究 [D]. 湘潭：湘潭大学，2012.

[40] 刘恒奇. 湖北省通山木雕的发展研究 [D]. 武汉：华中师范大学，2018.

[41] 刘倩. 马克思主义文化观视野中的中国非物质文化遗产保护与传承 [D]. 广州：华南理工大学，2019.